DERECHO, ARTES Y GÉNERO

RECONSTRUCCIONES DEL SUJETO DE DERECHOS EN LITERATURA, FOTOGRAFÍA Y CINE

CRISTINA MONEREO ATIENZA

DERECHO, ARTES Y GÉNERO

Reconstrucciones del sujeto de derechos
en literatura, fotografía y cine

Granada, 2023

BIBLIOTECA COMARES DE CIENCIA JURÍDICA

COLECCIÓN: CRÍTICA DEL DERECHO
SECCIÓN: DERECHO VIVO 57
Director de la colección:
JOSÉ LUIS MONEREO PÉREZ

Maquetación: Natalia Arnedo

© Cristina Monereo Atienza

Editorial Comares, 2023
Polígono Juncaril
C/ Baza, parcela 208
18220 Albolote (Granada)
Tlf.: 958 465 382

http://www.editorialcomares.com • E-mail: libreriacomares@comares.com
https://www.facebook.com/Comares • https://twitter.com/comareseditor
https://www.instagram.com/editorialcomares/

ISBN: 978-884-1369-701-7 • Depósito legal: Gr. 1923/2023

IMPRESIÓN Y ENCUADERNACIÓN: COMARES

SUMARIO

I
VÍNCULOS ENTRE DERECHO Y ARTE: EL PAPEL DE LAS ARTES EN LA CONSTRUCCIÓN DEL SUJETO DE DERECHOS Y LA PERSPECTIVA DE GÉNERO

II
EL SUJETO FEMENINO EN LA NARRACIÓN LITERARIA

III
EL SUJETO FEMENINO EN LA FOTOGRAFÍA

IV
EL SUJETO FEMENINO EN EL CINE

I

VÍNCULOS ENTRE DERECHO Y ARTE: EL PAPEL DE LAS ARTES EN LA CONSTRUCCIÓN DEL SUJETO DE DERECHOS Y LA PERSPECTIVA DE GÉNERO

I. CONSIDERACIONES PREVIAS: EL VALOR MORAL Y JURÍDICO DE LAS OBRAS ARTÍSTICAS

La tesis inicial de esta monografía es que el arte tiene mucho que aportar al Derecho al existir numerosos puentes que atraviesan ambas esferas[1]. El arte tiene la facultad de desmitificar, demoler arquetipos y los valores que los penetran y por tanto es una fuente de crítica imprescindible para hacer progresar al fenómeno jurídico. Es esencial que esta crítica proceda no solo desde dentro sino igualmente desde fuera de los márgenes jurídicos, lo que permite incorporar nuevas perspectivas ajenas a la clásica mirada formalista y poco afectiva del jurista. Es razonable pensar que el Derecho no puede ser ajeno a las emociones puesto que se trata de una creación humana atravesada inherentemente por cuestiones morales que pueden verse afectadas por los sentimientos. La intersección entre el campo artístico y jurídico existe desde luego en lo referente a nociones como la igualdad o la dignidad humana en general y, más concretamente, a las cuestiones denominadas de género.

Para empezar, es posible defender que la obra artística posee valor moral y político-jurídico en la línea de lo defendido por un autonomismo moderado en lo que concierte al valor del arte y el papel cognitivo de las emociones.

---

[1] GARCÍA CÍVICO, Jesús, «Siete puertas al campo Artes y Derecho», en Monereo Atienza, Cristina, *El Arte y sus relaciones con el Derecho*, Comares, Granada, 2022, pp. 3- 25, p. 21.

Esta tesis comporta una dura crítica a las tradicionales posturas que han definido el Derecho de manera preponderamente formalista.

La idea no está fuera de discusión, y al respecto es interesante recordar el intenso debate sostenido entre Martha Craven Nussbaum y Richard Posner en lo concerniente a las relaciones concretas entre Derecho y Literatura. En su texto *Justicia Poética*[2] la filósofa defiende el valor moral de los textos literarios, mientras el abogado y juez Posner en su libro *Ley y Literatura*[3] representa el más puro ejemplo de escepticismo al explorar las ventajas de la literatura para el jurista en general y para el juez en particular.

El debate es sugestivo porque Posner piensa que la obra literaria ayuda a formar opiniones acerca de cuestiones como la religión, la política, la economía o la moralidad; que puede mejorar la capacidad lectora a través de textos con dificultades debidas a las diferencias culturales o la complejidad de la escritura; que estimula las percepciones o el conocimiento de los seres humanos, las instituciones político-sociales, la historia o la moralidad; que favorece la habilidad de captar y efectuar analogías, paralelismos, antítesis, ironías, etc.; e incluso que permite aprender de maestros[4]. No obstante, se coloca de parte de la tradición filosófica *esteticista* al concluir que la literatura es solamente un arte con valor estético, y al negar definitivamente que los textos literarios puedan contener enseñanzas morales o contribuir de alguna manera a formar juicios morales de los individuos.[5] Se adhiere así a la posición *esteticista* que defiende que lo bello y lo bueno no están vinculados necesariamente, aquella que mantiene que la obra de arte es buena principalmente por su valor estético y no moral. Desde esta perspectiva, el arte encuentra justificación en sí mismo, por el placer desinteresado que provoca. Como afirmaba Inmanuel Kant, se debe atender a la forma y no a los contenidos[6].

---

[2]   Nussbaum, Martha C., *Justicia poética*, trad. C. Gardini, Editorial Andrés Bello, Barcelona, Buenos Aires, México D.F., Santiago de Chile, 1995.

[3]   Posner, Richard A., *Ley y Literatura*, trad. P. Salamanca y M. Muresán, Colegio de Abogados de Valladolid/ Cuatro y el gato, Vallodolid, 2004.

[4]   *Ibid.*, pp. 342-343.

[5]   *Ibid.*, pp. 323 y ss.

[6]   Kant, Inmanuel, *Crítica del juicio* (1790), trad. M. García Morente, Espasa-Calpe, Madrid, 1977. Esto empobrece enormemente el juicio estético, y desde el autonomismo se ha intentado enriquecer la experiencia estética teniendo en cuenta propiedades materiales o relacionales de representación, aunque siempre negando cualquier instrumentalidad del arte.

Al exponer sus tesis, este jurista se muestra visiblemente contrario a la versión moralista del arte (también llamada *eticista*), que se remonta a Platón. Para el moralismo, la obra de arte debe reflejar las normas, ideales y la bondad. El arte no moral no es en sí mismo bueno, y puede ser perjudicial. Visto así, existen obras de arte perversas, pero traicionan por ello el sentido del arte, de tal manera que las obras de arte que no son moralmente buenas no serían *buenas* obras de arte[7]. En consecuencia, es contrario también a la versión del moralismo denominada *utopismo*, defensora del lugar relevante del arte en la vida moral, y de su finalidad ética o política, o función social.

El esteticismo de Posner es patente cuando afirma que la literatura es un vehículo ideológico que no siempre se acerca al concepto moral del bien que poseen previamente los individuos. Igualmente cuando entiende que se genera empatía al leer un texto literario, pero ésta no es más que una actitud amoral, algo que es de agradecer porque las obras clásicas están llenas de atrocidades morales. También es visible su escepticismo al afirmar que el mundo de la literatura es una anarquía moral, así que en todo caso lo que se aprende es el relativismo moral. Su tesis definitiva es que la obra literaria no hace éticamente mejor al individuo, y si así lo fuera muchas serían censurables. Lo que enseña a las personas es a ser ellos mismos, ni mejores ni peores. Es más, declara este autor, aunque algunos utilicen la literatura como instrumento de conocimiento de la realidad, no significa que otras personas deben hacerlo al existir otros modos de aprehenderla, como por ejemplo la Historia o la Sociología.

En su discurso, Posner tiene razón cuando afirma que la elección de las obras literarias con pretendido carácter moral puede estar basada en una idea preconcebida sobre la Justicia que viene a confirmar juicios morales propios. Esta es la crítica dirigida a Nussbaum y su libro *Justicia poética*. No obstante, considero que la crítica de Posner no está suficientemente justificada porque Nussbaum nunca ha negado el carácter ideológico de la literatura, ni tampoco ha pretendido ser neutral en un sentido abstracto y objetivo. Esta filósofa se muestra partidaria, en realidad, de una perspectiva distinta que no niega el valor estético de los obras de arte, pero considera que ciertas textos literarios pueden ser valorados además por su contenido moral.

Así pues, es posible considerar la existencia de una tercera vía frente al moralismo y al esteticismo, la que implica pensar que el arte no es instrumental,

---

[7]   Para todo ello véase el artículo de PÉREZ CARREÑO, Francisca, «El valor moral del arte y la emoción», *Crítica. Revista Hispano-americana de Filosofía* 38/114, 2006, pp. 69-92.

aunque de hecho tiene diferentes funciones y también entre ellas puede tener interés moral. La fuerza moral de una obra de arte expresada a partir de las emociones puede servir para valorarla, sin que tenga que representar por ello un sistema concreto de moralidad.

Dentro de esta tercera vía se incluye el que puede denominarse *moralismo moderado*, que acepta el valor moral del arte porque contribuye a la clarificación de las emociones y así del entendimiento moral. También puede incluirse un *autonomismo moderado*, que es más crítico con el mero intelectualismo de las emociones, y proclive a considerar que las obras de arte tienen valor moral aunque las emociones no siempre tienen como respuesta la clarificación del entendimiento moral o al menos no por sí solas. El valor moral reside en sorprender, atrapar al lector en la imaginación y la reflexión en situaciones y estados a veces de dudosa calificación ética. El valor estético es previo al valor moral, porque la obra de arte persigue evocar emociones e ideas ficcionales, no reales, que son atractivas, originales, intensas, es decir, estéticas. La obra de arte a través de las emociones contribuye al entendimiento moral y también a sus opuestos (porque en todo caso son ficticias). Esto quiere decir que las emociones tienen un papel cognitivo esencial, aunque por sí solas no conformen los juicios éticos. Nussbaum ejemplifica este tipo autonomismo moderado, y esta idea es seguramente la opción más plausible.

Las posturas escépticas como la del abogado y juez Posner se corresponden en efecto con las actitudes positivistas tan comunes en el ámbito jurídico. Son posiciones defensoras del relativismo moral del *todo vale*, exaltadoras de la *forma* frente a los *contenidos*. Sin duda, el valor formal (estético) de la obra de arte es esencial para definirla.[8] La *buena* literatura es aquella con valor estético, pero es necesario añadir algo más. No basta con afirmar que el arte tenga efectos políticos o morales (como es evidente). Los textos literarios tienen contenidos, historias y personajes, que generan empatía y sentimientos en nosotros. La empatía o amistad generada con los personajes literarios no es amoral. Despierta variadas emociones, positivas (bondad, compasión, amor...) y negativas (asco, vergüenza, miedo...). Esas emociones, fomentadas en la imaginación, concurren dinámicamente a la hora de realizar los propios juicios morales.

---

[8]   Otra discusión sería quién se encarga de definir los valores estéticos (¿el mercado del arte, la sociedad, las instituciones del arte?), pero esto es un debate que no voy a discutir aquí.

Los textos literarios pueden clarificar el entendimiento moral, aunque más bien ayudan revivir escenarios moralmente diversos que amplían el marco de las decisiones y juicios morales de los individuos. Esto es posible porque hay una idea, aunque sea vaga, del bien que los individuos tienen o asimilan, por el hecho de vivir en un contexto determinado. Además, la concepción propia acerca del bien y la vida buena se va configurando continuamente a través de las relaciones con los demás seres humanos. Las críticas del relativismo moral no están fundadas, porque los individuos parten necesariamente de una idea previa del bien y la vida buena, si bien ésta no es cerrada y está abierta al diálogo exterior e interior, y a la autocrítica sincera. La teoría del reconocimiento recíproco explica muy bien esta idea[9].

Los textos literarios pueden contribuir a ese diálogo con uno mismo, reviviendo experiencias a veces reprochables para la moral del individuo, e incluso disfrutando estéticamente de esas experiencias inmorales. A ello se añade que «la compasión y el temor no son sólo instrumentos de una clarificación *en* y *del* solo intelecto; reaccionar con esas pasiones es valioso y, a la vez, un factor de clarificación de lo que somos»[10].

Teniendo en cuenta esto, analizar y dialogar acerca de las relaciones entre Derecho y Literatura, como sucede entre Derecho y Cine (u otras disciplinas artísticas y de creación), amplia de hecho el espacio de lo moral y lo jurídico, precisamente porque lo que le falta en muchas ocasiones al jurista es la imaginación ficcional para conformar sus propios juicios morales, políticos y jurídicos. La falta de escenarios utópicos en torno al mundo jurídico lo restringe enormemente.

Por lo demás, hay que recordar que el movimiento Derecho y Literatura tiene como objetivo la afirmación de la mente individual en su búsqueda de una aproximación con los otros. La literatura permite tomar una postura que profundiza en el interés por el bienestar de personas desconocidas y

---

[9]   HONNETH, Axel, *La lucha por el reconocimiento: por una gramática moral de los conflictos sociales*, trad. M. Ballestero, rev. Gerard Vilar, Crítica Barcelona, 1997, pp. 13 y ss. También *Id.*, *El derecho de la libertad. Esbozo de una eticidad democrática*, trad. G. Calderón, Clave intelectual, Madrid, 2014, pp. 64 y ss.; ANDERSON, JOEL and HONNETH, Axel, «Autonomy, Vulnerability, Recognition, and Justice», in John Christman and Joel Anderson (eds.), *Autonomy and the Challenges to Liberalism: New Essays*, Cambridge University Press, New York, 2005, pp. 127-149, especialmente p. 131.

[10]   NUSSBAUM, Martha C., *La fragilidad del bien. Fortuna y ética en la tragedia y filosofía griega*, trad. A. Ballesteros Jaráiz, Visor, Madrid, 1995, p. 483.

distantes de nosotros. Por esa razón puede tener valor político o jurídico, lo cual no anula cualesquiera otros procedimientos y reglas formales dirigidos a ese mismo fin. Las obras de arte estimulan las emociones de las que carecen habitualmente los formulismos, y las emociones, como tan certeramente ha defendido Martha C. Nussbaum, poseen un papel cognoscitivo imprescindible, aunque sea limitado, especialmente en cuestiones relacionadas con la Justicia, la dignidad y los derechos. En definitiva, la contribución del Arte puede extenderse a la idea de Justicia común de las instituciones públicas.

II. LA PERSPECTIVA FEMENINA PARA RECONSTRUIR EL SUJETO DE DERECHO: EMOCIONES, COMPASIÓN Y VULNERABILIDAD

El intentar conectar el Derecho con el Arte en general conlleva defender la tesis tradicionalmente femenina sobre la manera específica que tienen los sujetos de construir su identidad moral y jurídica, que es relacional y no autosuficiente[11]. Comporta asociar el Derecho al mundo de las emociones. El Derecho no es mera unión racional y abstracta, sino también continua relación subjetiva y concreta.

Las críticas feministas al sujeto liberal, supuestamente universal, autónomo, autosuficiente y decididamente androcéntrico se basaron principalmente hasta los años setenta u ochenta del siglo pasado en una confrontación diferencial entre el sujeto masculino y el *otro* sujeto, el femenino. A nivel de la teoría antropológica, psicoanalítica, o social se enfrentaron dos tesis: la tesis masculina de la separación, y la tesis femenina de la conexión. Robin West resume muy bien ambas posiciones[12].

La tesis masculina de la separación es la tesis liberal por excelencia, la impuesta oficialmente y, por tanto, la más extendida. Según esta perspectiva,

---

[11]   Si bien de manera simplificada, es ilustrativa la contraposición realizada por Robin West en cuanto a la construcción del sujeto, entre la tesis de la separación propiamente masculina, y la tesis de la unión relacional propiamente femenina. West, Robin, *Género y Teoría del Derecho*, trad. P. De Lama Lama, Siglo del Hombre Editores, Facultad de Derecho de la Universidad de los Andes, Ediciones Uniandes, Instituto Pensar, Santafé de Bogotá, 2000. Esta tesis es luego matizada por ella misma en *Caring for Justice*, New York University Press, New York/London, 1997.

[12]   Robin West confronta estos dos modelos en West, Robin, *Género y Teoría del Derecho*, *cit.*, pp. 69 y ss. No obstante, su postura no es esencialista y, de hecho, el esencialismo se utiliza más como herramienta o estrategia. Su anti-esencialismo es después desarrollado en su libro *Caring for Justice*.

el sujeto es un individuo físicamente separado de otros seres humanos; el ser humano es singular, y lo que le aparta de otros es epistemológica y moralmente anterior a lo que le une a otros; el sujeto es un ser autónomo, autosuficiente, independiente, libre en su elección de vida, de manera general egoístamente motivado, pero también racional y prudente y, por eso, tendente al libre contrato. Afirma Robin West: «la experiencia subjetiva de la separación física del otro determina tanto lo que valoramos (la autonomía) como lo que tememos (la aniquilación)»[13]. La teoría del Derecho por excelencia, la liberal, se adhirió a esta tesis de la separación y, por tanto, es esencialmente masculina. Desde esta perspectiva la dignidad humana se reconduce a la capacidad de respetar los derechos de los independientes e iguales, e inferir cognitivamente de esos derechos una reglas para una vida segura. La libertad como no interferencia y la seguridad son los valores clave de la dignidad en esta concepción.

Por su parte, la tesis de la conexión considera que los seres humanos no están separados. La teoría feminista, con sus múltiples diferencias, defendió esta idea basándose en la experiencia de las mujeres, que están conectadas a otros en al menos varios momentos de su vida, como el acto sexual, el embarazo y la lactancia; y existencial y por supuesto también culturalmente unidas a otros a través de sus vida moral y sus prácticas. De nuevo aquí, hay un temor: «Mientras que los hombres temen la aniquilación por parte del otro (y en consecuencia tienen la dificultad para alcanzar la intimidad), las mujeres temen la separación del otro (y en consecuencia tienen la dificultad para alcanzar la independencia)»[14]. En esta visión, la dignidad depende de respuestas afectivas, relacionales, contextuales y soportadoras de las necesidades de los otros. Los seres humanos no son autónomos en el sentido liberal, esto es autosuficientes, sino que alcanzan su autonomía gracias a la relación con otros seres humanos.

Desde los feminismos cultural en EEUU o feminismo de la diferencia en Europa de aquellos años, se afirmaba que la teoría femenina de la conexión se oponía drásticamente a la tesis masculina de la separación, y se criticaba por sesgada y masculina la versión oficial del sujeto implantada en la teoría del Derecho.

---

[13] WEST, Robin, *Género y Teoría del Derecho, cit.*, p. 81.
[14] *Ibid.*, p. 96.

Actualmente, desde el feminismo se ha reconsiderado esta postura al entender que la confrontación radical de un supuesto modelo femenino de sujeto y otro opuesto masculino peca de binarismo esencialista entre hombres y mujeres dejando fuera, como bien advertía Judith Butler, otras posibilidades[15]. También tiende al reduccionismo de la vida a la confrontación del valor autonomía como autosuficiencia *versus* el valor del cuidado en base al amor maternal, además de simplificar las relaciones sociales basándolas únicamente en el libre contrato o, por el contrario, en unas relaciones determinadas en base a la reproducción.

Al mismo tiempo, el feminismo confluyó con la teoría crítica comunitarista en el ataque al sujeto separado y autosuficiente, haciendo hincapié en la tendencia socializadora y conectiva del ser humano. Estas propuestas son sumamente atractivas, siempre y cuando no formulen identidades esencialistas. Entre ellas, la propuesta de Axel Honneth me parece particularmente llamativa. De lo que carece esta perspectiva comunitarista es precisamente de esa visión de género. Nunca ha advertido que la tesis de la separación ha sido tradicionalmente masculina, además de blanca y heterosexual, que fue lo lúcidamente propugnado por las tesis feministas. Es necesario poner de relieve esta asociación (separación-masculina, conexión-femenina), aunque la tesis de la separación sea falsa para los hombres y la de la conexión dudosa respecto a determinadas mujeres.

La tesis de la separación es falsa en relación a las mujeres, y tampoco es cierta respecto de los hombres que igualmente experimentan la conexión y pueden sustentar la vida, proteger, atender, amar y afirmar la vida. La tesis

---

[15]   Ya autoras como Monique Wittig se distanciaron de sus coetáneas reivindicando la supresión de las categorías hombre-mujer: WITTIG, Monic, *El pensamiento heterosexual*, trad. J. Saéz y P. Vidarte, Barcelona, Egales, 2010, pp. 29 y ss. El libro de Butler es fundamental para subvertir desde los márgenes la subjetividad: BUTLER, Judith, *El género en disputa. El feminismo y la subversión de la identidad*, trad. M. A. Muñoz Molina, Barcelona, Paidós, 2007. En este sentido es interesante advertir también que mucho antes Nietzsche, Heidegger, Sartre entre otros cuestionaron ya el sujeto moderno, y posteriormente Foucault, Derrida y Deleuze acaban trazando los caminos hacía la creación de una nueva subjetividad. Foucault al sostener que el sexo no es algo natural sino construido. Deleuze enfatizando que la subjetividad es múltiple y fragmentada. Derrida al apostar por la diferencia, por un sujeto que se rescribe indefinidamente. Este línea fue tomada por el tipo de feminismo que cito. Un resumen de estas aportaciones está en GARCÍA LÓPEZ, Daniel, *Rara Avis. Una teoría queer impolítica*, Barcelona, Melusina, 2016, pp. 103 y ss.

de la conexión no es cierta respecto a las mujeres porque no todas quedan embarazadas o son penetradas sexuales[16].

Ciertamente, la experiencia humana (de todos los seres humanos) es siempre contradictoria. El ser humano valora la autonomía y teme la alienación, y al mismo tiempo valora la conexión, pero teme la aniquilación. Como afirma Ducan Kennedy, el *otro* es a la vez necesario para nuestra existencia y una amenaza para la misma[17].

Estas contradicciones humanas han de reflejarse en la teoría del Derecho. El mayor problema es que la experiencia que tradicionalmente han expresado las mujeres se ha silenciado jurídicamente y es aún necesario visibilizarla. Esta es la razón por la que, ya negando el esencialismo en las categorías binarias masculino-femenino, gran parte de la crítica feminista al Derecho siga dirigiéndose en esencia a la supuesta neutralidad estatal que esconde una visión arbitraria y no imparcial del ser humano y de la vida, y en particular de las mujeres.

En la esfera político-jurídica, aun se precisa reivindicar la conjunción de la ética del cuidado con una ética de la Justicia[18], dirigida a reestructurar instituciones y prácticas como las familiares, las laborales y la separación entre espacio público y privado. La duda es si esto puede hacerse desde *dentro* del sistema manteniendo categorías clásicas (hombre, mujer) aunque sea de manera estratégica, o por el contrario desde los *márgenes* en los que es posible idear otras maneras de entender la subjetividad[19].

En definitiva, la concepción feminista ha elaborado una crítica al Derecho en dos sentidos: en primer lugar, ha definido al Derecho en su dimensión discursiva como un producto de sociedades patriarcales, espejo de una visión masculina de la vida, atento a valores, necesidades e intereses de sujetos exclusivamente varones. En algunas ocasiones, incluso, la concepción

---

[16]   WEST, Robin, *Género y Teoría del Derecho, cit.*, pp. 175-176.

[17]   KENNEDY, Duncan, «The Structure of Blackstone´s Commentaries», *Buffalo Law Review*, n. 28, 1979, pp. 209-382, p. 209. Disponible en:

http://duncankennedy.net/documents/Photo%20articles/The%20Structure%20of%20Blackstones%20Commentaries.pdf (última consulta 12 de junio de 2018).

[18]   Robin West defiende una teoría donde ambas éticas se complementen, y introduce que es la justicia sin cuidado (integridad sin compasión, imparcialidad sin relación, consistencia sin cuidado) y el cuidado sin justicia (cuidado sin consistencia, compasión sin integridad, particularidad sin escalas de justicia): WEST, Robin, *Caring Justice, cit.*, pp. 22-93.

[19]   En este sentido caminan las Teorías *queer*, por ejemplo.

feminista ha trascendido el nivel de la crítica para proponer una Teoría del Derecho feminista[20], basada también una ética del cuidado. En segundo lugar, ha criticado las instituciones jurídicas en las que las mujeres han quedado excluidas o sesgadas (de ahí, las reivindicaciones feministas en el ámbito político, educativo, laboral, familiar); es decir, también se ha ocupado de lo que el Derecho ha silenciado. Al hilo de esto, se debe decir que tan importantes son los textos o los discursos, como los aspectos no textuales o no verbales[21]. La visión feminista del Derecho va dirigida a afrontar el poder patriarcal y se ocupa tanto de los aspectos discursivos y, por tanto, del Derecho como discurso, como también de los no discursivos y de la violencia silenciada por el sistema jurídico.

Entre lo discursivo y lo silenciado jurídicamente, la teoría feminista del Derecho concibe una forma distinta del sujeto, más o menos paralela a la propuesta por otras corrientes críticas como la comunitarista[22], radicada en la ignorada concepción relacional, y que incorpora el valor moral y jurídico del afecto y el cuidado tan descuidados desde la Teoría liberal del Derecho y del sujeto. La construcción-reconstrucción del sujeto desde el punto de vista tradicionalmente femenino asociado a las emociones introduce un cambio esencial en la manera clásicamente masculina de entenderlo.

Esa crítica a la concepción clásica de autonomía identificada con la autosuficiencia es esencial. Los individuos no son autosuficientes en la elaboración de su identidad moral, como defendían Kant y otros liberales. La autosuficiencia no es real, en cuanto su identidad moral se constituye gracias

---

[20]   Para algunas autores es difícil hablar de una *Teoría del Derecho feminista* en el contexto social patriarcal en el que aún estamos insertos. Así lo entiende Katherine MacKinnon: MacKinnon, Katherine, *Hacia una teoría feminista del Estado*, trad. E. Martín, Cátedra, Madrid, Universität de València, Instituto de la Mujer, 1989. No obstante, Cristina Jaramillo en el estudio preliminar al libro de Robin West considera que esta autora realiza un intento nada despreciable de Teoría del Derecho feminista en el libro *Caring for Justice*, cuyo antecedente es el texto que introduce: Jaramillo, Cristina, «La crítica feminista al Derecho», est. prel. a West, Robin, *Género y Teoría del Derecho, cit.*, 2000, pp. 27-66, p. 53.

[21]   Robin West indica que el silencio se ha traducido necesariamente en la pasividad y la falta de empoderamiento en las mujeres que por falta de tiempo no ha podido luchar por su voz. *Ibid.*, pp. 262-267.

[22]   Me parecen especialmente interesantes las tesis de Axel Honneth previamente mencionadas. Véase Honneth, Axel, *La lucha por el reconocimiento, cit.* o Fraser, Nancy y Honneth, Axel, *¿Redistribución o reconocimiento?. Un debate político-filosófico*, trad. P. Manzano, Morata, Madrid, 2006.

a las relaciones recíprocas con otros individuos. La intersubjetividad no es meramente instrumental puesto que no es únicamente que los individuos se vean influenciados por su entorno a la hora de tomar decisiones. El centro no es el individuo que por sí solo examina las máximas de Justicia para elaborar su propio concepto del bien. El centro está en el proceso intersubjetivo de intercambio de argumentos sobre la concepción del bien entre los diversos agentes que interactúan con ese sujeto en su contexto. Así, la autonomía se descentraliza y precisa del ejercicio de la capacidad argumentativa por parte de todos los agentes que intervienen ese proceso de validación de las distintas demandas de Justicia.[23] Esto no conlleva la negación de la autonomía kantiana, pero sí introduce un factor esencial: la idea del diálogo y del intercambio de argumentos para dilucidar la propia concepción del sujeto. En todo caso, es el individuo el que decide en última instancia sobre la corrección argumentativa y sobre su propia concepción. La concepción individual se enriquece y puede llegar a transformarse a través de concepciones externas que ofrecen diversos argumentos (a veces «mejores argumentos») a favor y en contra de las propias visiones. De este modo, la autonomía no es autosuficiencia, pero sí un acto libre, racional y reflexivo.[24]

Dicho esto, en la labor de crítica al concepto de autonomía liberal clásico el feminismo ha tenido una particular relevancia. No se debe olvidar que el sistema *sexo-género* vertebra el sistema liberal moderno y *subordiscrimina* a las mujeres.[25] Los sujetos autónomos han sido los varones. Ellos eran los sujetos racionales e independientes. Toda alusión a lo irracional, afectivo, emotivo, o vulnerable fue excluido y desplazado hacía el sujeto femenino pasivo y dependiente.

---

[23] PEREIRA, Gustavo, *Elements of a Critical Theory of Justice*, Palgrave MacMillan, Hampshire (UK), 2013, p. 62.

[24] MACKENZIE, Catriona, «Three Dimensions of Autonomy: A Relational Analysis», in PIPER, Mark, and VELTMAN, Andrea (ed.), *Autonomy, Oppression and Gender*, Oxford University Press, New York, 2014, pp. 15- 41, pp. 17-18.

[25] RODRÍGUEZ RUIZ, Blanca, «¿Identidad o autonomía? La autonomía relacional como pilar de la ciudadanía democrática», *Anuario de la Facultad de Derecho de la Universidad Complutense de Madrid*, núm. 17, 2013, pp. 75-104, p. 77. El concepto de subordiscriminación lo ha acuñado muy acertadamente de Barrère Unzueta, María Ángeles y Morondo Taramundi, Dolores, «Subordiscriminación y discriminación interseccional: elementos para una Teoría de Derecho antidiscriminatorio», *Anales de la Cátedra Francisco Suárez*, núm. 45, 2011, pp. 15-42.

La crítica al sujeto moderno es común al feminismo en su conjunto, si bien las propuestas concretas son muy variadas. Ante esta diversidad entiendo que las teorías feministas de la diferencia sexual deben entender que el cuerpo no tiene una esencia ni un destino biológico prefijado como afirmaban las ciencias biológicas y psicológicas, es decir, que el cuerpo está situado en el mundo y en un contexto determinado. Por eso, la cuestión para reconstruir al sujeto no es romper con la diferencia entre los sexos, y es en todo caso encontrar la manera de afirmar la diferencia sexual poniendo en valor a ese *otro femenino* sin dar lugar a ninguna identidad esencialista.

En concreto, la aportación de la imaginación artística femenina es que provoca emociones y, todavía más, provoca una emoción compasiva como acto empático comprensivo de su injusta situación. Este acto es una contribución, no la única, en la construcción dialogante del sistema moral individual, al permitir reinterpretar y valorar la propia experiencia y la de los demás desde la igualdad y la diferencia, buscando referentes comunes de dignidad, ni masculinos ni femeninos.

Es posible que esta emoción compasiva del imaginario femenino se extienda al ámbito jurídico para contribuir a la noción de sujeto de derechos y a la idea de Justicia común. En la esfera del Derecho, la compasión es frecuentemente considerada una fuerza no cognitiva, alejada de la razón y el razonamiento. En general, las emociones han sido tachadas de irracionales y, por tanto, inadecuadas para ser guía de lo jurídico. Esto está alejado de la realidad. La persona que siente está percibiendo y juzgando la situación (física y psíquicamente). Como defiende el estoicismo, el individuo está teniendo respuestas corporales y también generando creencias y juicios acerca de esa realidad y los objetos que la componen. Al estar basadas en creencias que pueden ser falsas son irracionales en el sentido normativo, pero no están alejadas de la cognición y el juicio[26].

La emoción de compasión requiere la creencia de que otra persona está sufriendo gravemente sin tener culpa, aunque no necesariamente está basada en las posibilidades de los que se compadecen sean similares a la de los sufrientes. Esta es, en realidad, la base de la beneficencia. La compasión añade algo importante. Desde la compasión se mira al ser humano en su vulnerabilidad

---

[26] NUSSBAUM, Martha C., *Justicia poética, cit.*, p. 96. También *Id.*, *Paisajes del pensamiento. La inteligencia de las emociones*, trad. A. Maira Bénitez, Paidós, Barcelona, 2008, pp. 397 y ss.

común, como ser necesitado de los demás. La compasión presume negar, como lo hace el feminismo, la autosuficiencia humana[27].

El concepto de vulnerabilidad puede ayudar a entender lazos comunes entre todos, dejando de lado la simple reciprocidad interesada en las relaciones humanas, y desmotando las connotaciones negativas del concepto de dependencia y necesidad en el pensamiento liberal. No se trata de oponer la vulnerabilidad a la autonomía. Desde el feminismo se propone el concepto de autonomía relacional, que conlleva la aceptación y reconocimiento de la vulnerabilidad como elemento esencial para alcanzar también la autonomía[28].

La compasión aflora el sentimiento de vulnerabilidad humana común y ello permite fijar contenidos mínimos de dignidad común. La idea de vulnerabilidad común atañe a cuestiones de Justicia social, al generar responsabilidad hacía las situaciones vulnerables[29]. Tener en cuenta la vulnerabilidad a la hora de hacer un análisis de la Justicia social puede ayudar a prestar una atención adecuada a las desigualdades y desventajas sociales sufridas por ciertos colectivos históricamente discriminados como el de las mujeres. A través de las Artes es posible ocuparse de la dimensión compasiva del Derecho.

A continuación, adoptando la perspectiva del Derecho *en* el Arte[30], se analizaran diversas obras artísticas de la literatura, la fotografía y el cine que

---

[27]   Sobre vulnerabilidad véase HONNETH, Axel, *Reification: A New Look at an Old Idea*, Oxford University Press, New York, 2007. Sobre todo, MACKENZIE, Catriona, «The Importance of Relational Autonomy and Capabilities for the Ethics of Vulnerability», in Catriona Mackenzie, Wendy ROGERS, Susan Dodds (eds.), *Vulnerability: New Essays in Ethics and Feminist Philosophy*, Oxford University Press, New York, 2014, pp. 33-59, en especial p. 33. También ANSUÁTEGUI ROIG, Francisco Javier, «Vulnerabilidad, Sociedad e individuo», *Tiempo de paz*, núm. 138, 2020, pp.12-19.

[28]   MACKENZIE, Catriona, «The Importance of Relational Autonomy and Capabilities for the Ethics of Vulnerability», *cit.*, p. 33.

[29]   Véase FINEMAN, Martha A., «Equality, Autonomy, and the Vulnerable Subject in Law and Politics», in Martha A. Fineman and Anne Grear (eds.), *Gender in Law, Culture, and Society: Vulnerability: Reflexions on a New Ethical Foundation for Law and Politics*, Ashgate Publishing Ltd, Surrey, (England)/Burlington (USA), 2013, pp. 13-27, p. 13.

[30]   El esquema clásico de estudio del movimiento Derecho y Humanidades está tomado de las relaciones entre Derecho y literatura y es tripartito: Derecho *en* la Literatura (*Law in Literature*), Derecho *como* Literatura (*Law as Literature*), y Derecho *de* la Literatura (*Law of Literature*). De todos modos, existen igualmente otras divisiones. Andrés Botero, por ejemplo, propone una clasificación distinta y es crítico con esta tradicional división, sobre todo en el sentido pedagógico. Diferencia, por ello, los siguientes modelos de la relación, que según explica, son

incorporan críticas y reconstrucciones del sujeto en la línea señalada, no sin advertir antes que la elección se enmarca en un contexto determinado, el occidental, y además es fruto de una predilección personal por estas piezas[31]. Evidentemente podrían haberse analizado otras obras, tanto fuera del contexto occidental como dentro del mismo[32]. Con probabilidad, alguien podría encontrar mi elección desafortunada, lo cual no quita valor alguno a las escogidas. Por lo demás, se debe pensar que esto no es un trabajo cerrado, y a él se sumaran otros muchos.

---

más concretos: retórico, expositivo, metodológico, analítico, jurídico y estético (véase BOTERO BERNAL, Andrés, «Derecho y Literatura: un nuevo modelo para armar. Instrucciones de uso, en Calvo González, José (coord.), *Implicaciones Derecho y Literatura: contribuciones a una teoría literaria del Derecho*, Comares, Granada, 2008, pp. 29-40).

[31] No puedo negar que mi lengua materna es el castellano y, aunque domino otras, mi segunda lengua es el inglés.

[32] Existe un enorme elenco de artistas de países diversos que podrían haberse incluido en la monografía, por ejemplo no se ha incluido ninguna latinoamericana, que por cercanía cultural e idiomática podría haber sido una elección muy apropiada.

II

EL SUJETO FEMENINO EN LA NARRACIÓN LITERARIA

En este primer punto se trabajan las reconstrucciones del sujeto femenino en varias novelas adoptando la perspectiva del Derecho *en* la literatura[1].
En un primer punto se examinan reconstrucciones pasadas (aunque de actualidad) del sujeto femenino en dos novelas: *Villette* de la inglesa Charlotte
Brönte, e *Insolación* de la española Emilia Pardo Bazán. En ambas se realiza
una fuerte crítica de la división tradicional de los roles y el espacio social
entre mujeres y hombres. Posteriormente se trabaja una reconstrucción actual
del sujeto, tomando como ejemplo la exitosa novela *El cuento de la criada*
de Margaret Atwood, una historia distópica a partir de la cual se critica la
heterodesignación de la mujeres y se lucha a favor de una autodesignación
no esencialista.

---

[1]   En España el mayor impulsor del movimiento Derecho y Literatura y que más intensamente trabajó esta perspectiva fue José Calvo González. Véase entre sus muchos trabajos
estos recopilatorios: *El escudo de Perseo: la cultura literaria del Derecho*, Comares, Granada, 2013;
La destreza de Judith: estudios de cultura literaria del Derecho, Comares, Granada, 2018.

I. RECONSTRUCCIONES PASADAS DEL SUJETO FEMENINO. EL EJEMPLO DE *VILLETTE* (1853) DE CHARLOTTE BRÖNTE (1816-1855) E *INSOLACIÓN* (1889) DE EMILIA PARDO BAZÁN (1851-1921): CONTRA LOS CONVENCIONALISMOS SOCIALES

El examen de una novela nunca es fácil ya que se trata de una expresión artística de la vida desde el conflicto, la contradicción y la duda. Es una fuente rebosante de preguntas cruciales que no responde a ninguna cuestión en particular. Esto no quiere decir, como bien se ha afirmado antes, que no tengan valor moral, político y jurídico, más cuando a través de ellas se puede descubrir la mirada femenina en la sociedad decimonónica.

Villete es uno de los escritos más singulares de Charlotte Brontë, a través del que es posible el retorno a los orígenes del movimiento feminista. Brontë fue una novelista inglesa nacida en 1816, cuyas obras transcendieron la época victoriana para convertirse en clásicas. Sus creaciones son atrevidas. En ellas domina la tensión entre lo romántico y lo anti-romántico, así como la fuerza crítica de un mundo dominado por hombres y, concretamente, del lugar que los hombres han reservado a las mujeres en ese mismo mundo. La obra literaria de Brontë está plagada de pensamientos, guiños y afirmaciones que hacen entrever una visión y una idea global de mundo distinta al sistema patriarcal, todavía hoy, impuesto. Lleva a cabo una crítica mordaz a la capacidad de juicio espontánea que permite a una clase dominante determinar qué sistema político y social es merecedor de apoyo. Se percibe una lucha contra el argumento político *esteticista* utilizado para mostrar una sociedad orgánica y bella que se erige, sin embargo, desde una retórica bajo la que oculta un sistema de poder basado en la propiedad heredada y la condición social. La idea de las mujeres bellas (delicadas, agradables, suaves) sirve para negarles el ejercicio de la razón y, también, de la moralidad y el sublime heroísmo[2]. En una de las obras maestras de Brontë, *Jane Eyre,* la protagonista afirma que:

> «Se supone que las mujeres deben ser generalmente muy tranquilas, pero las mujeres sienten igual que los hombres»[3]

---

[2] SHINER, Larry, *La invención del arte. Una historia cultural*, trad. E. Hyde y E. Julibert, Paidós, Barcelona, 2004, p. 231.

[3] BRONTË, Charlotte, *Jane Eyre,* trad. J. G. Luaces, Espasa-Calpe, Madrid, 1998, pp. 140-141.

El libro analizado en este ocasión es la obra más madura de Charlotte, cuyo estilo y trasfondo se ha visto gradual y dolorosamente emancipado de las falsificaciones y los mitos del melodrama y la novela rosa. En él, con un tono clave de crítica feminista, se representa a un individuo aislado e indefenso (una anti-heroína, más que heroína) que responde a la experiencia de la vida con un máximo de intensidad. Lucy Snowe subraya de manera inteligente y sutil que las mujeres se consideran inferiores a los hombres y que, por tanto, tienen que actuar en consonancia con lo que se espera de ellas. Lucy es pobre, no tiene familia ni atractivo o encanto personal y se ve obligada a sobrellevar sola esa situación cuanto mejor puede, consciente de que no va a recibir ninguna ayuda de instituciones sociales. Rompe, así, el lazo con su amargo pasado en Inglaterra y marcha al continente en busca de un mejor futuro. Es empleada como profesora en una escuela convertida en un pequeño universo ajeno al mundo. No obstante, la protagonista va ampliando ese mundo y buscando, no sin dificultades, su propio camino. En esta novela los problemas de la pobreza y la sumisión de la mujer aparecen íntimamente unidos y de forma mucho más incisiva que en otros textos anteriores de la escritora, especialmente porque se sitúa en Francia, un país católico dominado por el pensamiento y la beneficencia de la Iglesia, y, al mismo tiempo, centro de las revoluciones burguesas defensoras de la libertad y la igualdad.

Por su parte, *Insolación* presenta de manera muy crítica y audaz la situación de la mujer en la España decimonónica. Encuadrada dentro de la corriente del naturalismo español, esta novela describe una sociedad de entes individuales y heterogéneos que cumplen roles específicos preservados por una serie de normas fruto de un pacto social, entre ellas reglas formales establecidas por la autoridad civil y, también, informales nacidas de la propia sociedad y la Iglesia[4]. Se analiza, pues, la influencia que el medio tiene sobre el individuo y las consecuencias que se pueden derivar de la trasgresión de las normas impuestas. Cuando aparece *Insolación*, el feminismo había dado ya sus primeros pasos fundamentales en España. Sin embargo – desde Benito Feijoo con su *Defensa de la mujer* (1726) hasta Concepción Arenal, con *La mujer del porvenir* (1869) – todos los esfuerzos protofeministas se habían limitado a la labor de rescatar a la mujer de su inferioridad intelectual y

---

[4]   Rivero Moreno, Yosálida C., «La novela realista-naturalista española y su representación de la mujer», *Divergencias - Revista de estudios lingüísticos y literarios*, vol. 1, núm. 2, primavera 2004, pp. 141-156.

moral. Pardo Bazán, sin embargo, realiza una fuerte crítica de la división de roles sociales poniendo las técnicas de narración *naturalista* al servicio del objetivo emancipador de la mujer.

Su narrativa permite una lectura apasionada gracias a su visión abierta y rompedora. Como nunca antes se había atrevido nadie, la autora construye un cuadro de la Galicia de hace un siglo, ancestral, bárbara y violenta, en *Los pazos de Ulloa* y en *Cuentos de la tierra*. Además, en *La Tribuna* describe las fábricas del capitalismo decimonónico, después de haberse internado a observar en acción la vida de las obreras del tabaco y sus lamentables condiciones laborales. Y con esta novela también habló en plena época victoriana de la sexualidad de las mujeres y de su derecho al deseo.

Insolación es la historia de una aristocrática viuda de treinta y pocos años que, durante la romería de San Isidro, acepta la compañía de un joven andaluz con reputación de mujeriego, sin conocer de él apenas mucho más. Las descripciones de la marea popular, la muchedumbre goyesca, la música y el baile, los gitanos, las orillas del río Manzanares, el vino, las comidas humeantes, el terrible calor y el sol de Castilla, identifican la atracción por ese hombre como algo abrasador e incontrolable, como una insolación. El erotismo acaba en un encuentro sexual deseado por la protagonista y el relato se cierra con la decisión de ambos personajes de unirse en matrimonio.

Se trata, pues, de una novela con final feliz, muy diferente a otras muchas de su misma época, como *La Regenta* (1885) de Clarín o *Tristana* (1892) de Benito Pérez Galdós, donde la mujer aparece siempre como un ser misterioso e incomprendido, necesitado de protección y educación, y que en caso de infringir las normas sociales es objeto de las consecuencias más terribles, como el ostracismo social, la desacreditación personal o, incluso, la muerte. Frente a las dos moralidades sociales diferenciadas, la del hombre y la de la mujer, Pardo Bazán opta por la igualdad de género. En el libro se contienen fragmentos tan significativos como éstos:

> «Señor, ¿por qué no han de tener las mujeres derecho para encontrar guapos a los hombres que lo sean, y por qué ha de mirarse mal que lo manifiesten (aunque para manifestarlo dijesen tantas majaderías como los chulos del café Suizo)? Si no lo decimos lo pensamos, y no hay nada más peligroso que lo reprimido y oculto, lo que queda dentro»[5]

---

[5] PARDO BAZÁN, Emilia, *Insolación* (Historia amorosa), Ed. E. Penas Varela, Cátedra, Madrid, 2001, p. 94.

O también este otro:

> «¿Qué tiene de particular que salga V. a tomar el fresco en compañía de un amigo formal? Cuidado que son majaderas las fórmulas sociales. Yo puedo ir a su casa de V. y estarme allí las horas muertas, sin que nadie se entere ni se ocupe, y luego, si salimos reunidos a la calle media hora... cataplum»[6]

Algunos discuten sobre la convencionalidad del final en matrimonio considerándolo un modo de confirmar una norma social. No creo que esta sea la interpretación adecuada puesto que la introducción de un final feliz en la historia de una mujer trasgresora social es una manera aún más provocadora de plantear la cuestión. La mujer que se revela no tiene porqué ser juzgada o castigada de ninguna manera. Muy al contrario, puede ser feliz, incluso del modo social más convencional.

Lo dicho lleva a pensar que esta obra, cuando por entonces el género novelístico tenía una recepción lectora principalmente femenina y cumplía una función didáctica respecto de los roles de la mujer, alentaba hacia un cambio en la representación de lo femenino muy distinto del establecido para la mujer desde el dominio hegemónico masculino. De este modo se podían generar consecuencias importantes y perturbadoras, por lo que no es de extrañar que suscitara la airada reacción de muchos escritores, como José María Pereda e, incluso, el mismo Leopoldo Alas «Clarín»[7]. En *Insolación* se defendía y proclamaba la libertad de elección de la mujer y la injusticia del pacto social vigente.

En suma, ambas novelas reflejan una sociedad *naturalmente* organizada en la que se ocultan o *invisibilizan* las desigualdades de género, disfrazadas como pura y simple cuestión de *diferencia* de/entre sexos[8]. Hombres y mujeres aparecen diferenciados. Está, por un lado, el hombre caballeroso, fuerte y protector, culto y, sobre todo, racional y libre para hacer y decidir su propia vida. Por otro, se encuentra la mujer delicada, débil, sensible a las palabras, a la música, buena ama de casa, pero dominada por los sentimientos y, por ello, incapacitada para controlar su propia vida, resultando así para su protección inevitablemente recluida en el habitáculo establecido por los hombres y la sociedad que le rodean. La protagonista de *Villette*, Lucy Snowe apunta que:

---

[6] *Ibid.*, p. 194.
[7] MAYORAL, Marina, «*Introducción*» a *Insolación*, Espasa Calpe, Madrid, 1995, p. 14.
[8] MACKINNON, Catharine A., *Hacia una teoría feminista del Estado, cit.*, p. 428.

«Una mujer inteligente, al parecer, era algo así como un lupus naturae, un accidente desgraciado, una cosa para la cual no existían ni lugar ni empleo en la creación; no deseada ni como esposa ni como trabajadora [...] Y en cuanto a trabajar, solamente la mente viril podía hacerlo con algún resultado práctico beneficioso»[9]

Es decir, hombre y mujer eran distintos e incomensurables, y parecía que no podía ser de otra manera.

En este contexto socio-cultural se idealizan unas supuestas características femeninas (la belleza, la delicadeza, la sensibilidad) bajo las que esconde la auténtica dominación del sexo masculino. Incluso, se expande el mito de la incomprensibilidad y el misterio que despiertan las mujeres como una forma de sumisión a la racionalidad masculina.

En *Villette* la autora refleja con inteligencia cómo las mujeres han de formarse a fin de adaptarse mejor a ese patrón de belleza y sensibilidad socialmente establecido. Por ejemplo, se explica que:

«Los extranjeros suelen decir que sólo a las muchachas inglesas se les permite viajar solas, y se asombran e incluso se escandalizan ante la temeraria confianza de los padres y tutores ingleses. En cuanto a las jóvenes *misses* —cuya intrepidez suele ser calificada de masculina e inconveniente por algunos-, son consideradas, en general, como víctimas pasivas de un sistema educativo que las dispensa de toda vigilancia»[10]

En *Insolación* se afirma:

«Sucede que se nos imponen (las reglas), y que por obedecerlas, una mujer de instintos nobles se juzga manchada, vilipendiada, infamada por toda su vida a consecuencia de un minuto de extravío y, de no poder casarse con aquel a quien se cree ligada para siempre jamás, se anula, se entierra, se despide de la felicidad por los siglos de los siglos amén... Es monja sin vocación, o es esposa sin cariño... Ahí tiene V. donde paran ciertas cosas»[11]

Por tanto, el carácter de la mujer era *domesticado*, controlado, apaciguado para poder adaptarse al patrón masculino establecido.

Ante tal situación de subordinación encubierta, la mujer comienza por expresar su rabia ante el rechazo y la marginación, es decir, por levantar su voz diferenciada para hacerse oír y denunciar sus circunstancias. Se despliega, entonces, la «conciencia diferencial» de las mujeres que ataca de

---

[9] BRONTË, Charlotte, *Villette, cit.*, p. 338.
[10] *Ibid.*, p. 55.
[11] PARDO BAZÁN, Emilia, *Insolación, cit.*, p. 202.

base la supuesta igualdad formal entre los sexos implantada en la legislación liberal. La *Declaración francesa de los Derechos del Hombre y del Ciudadano de 1789* establecía que todos eran iguales ante la ley. Frente a esta afirmación, la también escritora Mary Wollstonecraft desmantela la supuesta neutralidad del régimen liberal igualitario en el ejemplar libro *Una reivindicación de los derechos humanos*[12]. No puede existir igualdad en una concepción del mundo que ignore jurídicamente las diferencias circunstanciales de los individuos en la sociedad establecida. La igualdad formalmente reconocida no es acorde con las diferencias reales entre los sexos. A la mujer le es asignado un rol que la encasilla dentro de un mundo y la imposibilita para ejercitar realmente su libertad. En la sociedad liberal no existe para la mujer la igualdad ni la capacidad real para ejercitar la libertad[13]. Asimismo, lo que se ignora en este sistema es la manera en que las propias condiciones sociales también llegan a producir limitaciones en las *elecciones* de ciertas mujeres, cuyo estilo de vida se ve relegado por *tradición* al ámbito familiar[14].

Las conexiones entre igualdad y libertad muestran que no es suficiente con plasmar en textos jurídicos la dimensión formal de estos valores y que, por el contrario, es necesario ponerlos en práctica y adaptarlos al contexto concreto de los individuos. La lucha por conseguir este objetivo se encauzó históricamente para admitir a un grupo socialmente excluido del poder político y social, el proletariado. En esa lucha histórica la marginación de género no se tuvo en cuenta como factor de desigualdad, a pesar de que era asimismo un problema que incidía transversalmente en todos los ámbitos de la vida y que afectaba por igual a todas las capas sociales.

Se reprocha ahora lo que Ibsen llama la «tragedia actual», que la mujer sea juzgada según la ley del hombre, como si no fuera una mujer sino un varón[15]. La mujer no es ella misma en la sociedad machista porque tiene que

---

[12]   La obra, cuyo título original en inglés es *A Vindication of the Rights of Woman,* fue publicada por primera vez en 1792, en el Reino Unido.

[13]   SEN, Amartya, *Desarrollo y libertad,* trad. E. Rabasco y I. Toharia, Planeta, Barcelona, 2000.

[14]   Todavía hoy se utiliza el argumento de que son las mismas mujeres las que rechazan, por ejemplo, trabajos de alta responsabilidad y salario (NAGEL, Thomas, *Mortal Questions,* Cambridge University Press, Cambridge, 1989; SHER, George, «Justifying Reverse Discrimination in Employment», *Philosophy and Public Affairs,* vol. 4, núm. 2, 1975, pp. 159-170).

[15]   IBSEN, Henrik, *Casa de muñecas,* trad. G. de la Torre, Edimat Libros, Madrid, Arganda del Rey, 2005, p. 11.

actuar conforme al rol asignado por el hombre. Es una sociedad dominada por una única racionalidad. Las diferencias clásicas entre mujeres y hombres son artificiales. La mujer vista como ser débil, sensible, necesitado de protección es parte de esa diferencia instaurada desde la perspectiva masculina que tiene consecuencias a nivel político-jurídico y económico-social.

La teoría de los dos sexos inconmensurables es, por tanto, una teoría moderna que se desarrolla a lo largo de los siglos XVIII y XIX hasta hoy. El sexo tal y como se conoce es un «invento de la modernidad»[16]. La mujer no es inferior, ni más débil, ni necesitada, y tampoco complemento de nadie. Esto no es más que un rol «naturalizado»[17] que llega a un «esencialismo de la diferencia», poco favorecedor a la lucha feminista por la autonomía. Esta idea queda muy bien reflejada en uno de los personajes de *Insolación*, Gabriel Pardo, amigo de la protagonista y voz de la propia autora. Afirma que puede decir de corrido los diez mandamientos y que:

> «se me figura que rezan igual con Vds. que con nosotros…ningún confesor le dirá a V. que hay un pecado más para las hembras. Es decir que la cosa queda reducida a las consecuencias positivas exteriores… al criterio social»[18]

Una biología de la inconmensurabilidad sexual ofreció una explicación al hecho de que las mujeres estaban ya subordinadas al hombre en el estado de naturaleza. El sujeto racional sin género engendra de esta forma sexos realmente opuestos y condicionados por la desigualdad. La diferencia en el género se presenta como una diferencia en el sexo biológico en términos científicos, cuando en realidad no es más que un producto cultural[19]. La teoría feminista ha actuado a través de su conciencia diferencial en cierto modo como motor de deconstrucción de la sociedad patriarcal, pero siempre con

---

[16] LAQUEUR, Thomas, *La construcción del sexo. Cuerpo y género desde los griegos hasta Freud*, trad. E. Portela, Cátedra, Madrid, 1994, pp. 335 *y ss.*

[17] OSBORNE, Raquel, *La construcción sexual de la realidad. Un debate en la sociología contemporánea de la mujer*, Cátedra, Universidad de Valencia, Madrid, 1993, *passim.*

[18] PARDO BAZÁN, Emilia, *Insolación, cit.*, pp. 205-206.

[19] FERNÁNDEZ-LLÉBREZ, Fernando, «Identidad, género y sexualidad. Retos inclusivos para la teoría democrática», en Valencia, Ángel y Fernández-Llébrez, Fernando, *La teoría política frente a los problemas del siglo XXI*, Universidad de Granada, Granada, 2004. pp. 85-108, en concreto p. 95. Una defensa de las diferencias de género partiendo de las diferencias biológicas del sexo está en GOLDBERG, Steven, *La inevitabilidad del patriarcado*, trad. A. Martín-Gamero, Alianza, Madrid, 1976, pp. 23-28.

la intención de pasar luego a su reconstrucción a efectos de emancipación de los grupos marginados.

Se requiere un esfuerzo constructivo, y mejor de *reconstrucción*, de esa realidad social a partir de un nuevo sujeto político democrático[20] capaz de eliminar la separación artificial entre la esfera pública y privada. La búsqueda debe dirigirse a crear de forma libre proyectos de vida digna, independientemente del sexo. La diferencia ahora aparece como recurso público a garantizar y lo hace para erradicar la perspectiva del género en el discurso político-jurídico.

Sigue siendo necesario hacer hincapié en que las mujeres se han visto recluidas al ámbito privado y, así, silenciadas en el discurso público que partía de una concepción naturalista de la sociedad de corte patriarcal. En las sociedades liberales igual que se podían imponer normas del «buen gusto», también existía un discurso estético para justificar el sistema político-jurídico y social[21]. La sociedad bella y justa era la concebida por el hombre blanco, burgués, cuya visión diferenciaba roles de género para relegarlos a diferentes parcelas de la vida. La mujer se veía imposibilitada de salir de su habitáculo privado. Esta situación es denunciada en las novelas de Brontë y de Pardo Bazán quienes, además, plantean una alternativa a ese punto de vista. Ello permite idear hoy otra posibilidad: la construcción de un espacio social ampliado que involucre el ámbito público y el privado, y que contribuya a un tipo de acción político-social interactiva y relacional, que presente conjunta y dialécticamente los dualismos de esencia ontológica de género[22]. La manera de construir este espacio no puede basarse en identidades *esencialistas* y en «discursos racionales *a priori*»[23], reductores de la complejidad social. No debe

---

[20] YOUNG, Iris Marion, *Justice and the Politics of Difference*, Princeton UP, Princeton, 1990, *passim*.

[21] SHINER, Larry, *La invención del arte, cit.*, p. 229 y ss.

[22] HERRERA FLORES, Joaquín, *De habitaciones propias y otros espacios negados. Una teoría crítica de las opresiones patriarcales*, Universidad de Deusto, Bilbao, 2005, pp. 95 y ss.; BIASE, Paola Gaiotti de., *Che genere di politica? I perché e i come della politica delle donne*, v. 1, Borla, Roma, 1998.

[23] Así lo hacen, por ejemplo, Jürgen Habermas (*Teoría de la acción comunicativa: I. Racionalidad de la acción y racionalidad social, II. Crítica de la razón funcionalista*, trad. M. Jiménez Redondo, Taurus, Madrid, 1981) o John Rawls (*Liberalismo político*, trad. S. R. Madero Báez, FCE, México, 1996). Véase también Iris Marion Young (*Justice and the Politics of Difference, cit.*), Jacqui Alexander y Chandra Talpade Mohanty (eds., *Feminist Genealogies, Colonial Legacies,*

buscarse un espacio social homogéneo en el que al final del proceso político-jurídico se llegue a unas mismas conclusiones, a la manera del patriotismo habermasiano. La lucha pretende conformar un contexto complejo de diferencias reconocidas y de mínimos universales contrapuestos.

Estaríamos ante un intento diferente de recuperar la exigencia de universalidad, como imprescindible desde el punto de vista ético y jurídico, es decir, ante una comprensión de la diferencia que, en lugar de subrayar la posibilidad de consenso pese a la diversidad, ponga el énfasis en que no hay consenso sino desde la diversidad. Ello comportaría el reconocimiento del carácter valioso de todo punto de vista (si bien siempre susceptible de discusión), de forma que el diálogo parte de esa premisa, sin que ello impida avance, antes bien lo favorezca, hacia la «interpelación mutua de unas tradiciones por otras, donde no se escamoteen ni los presupuestos antropológicos, ni tampoco los méritos y/o responsabilidades históricas en ese campo; donde se haga posible, en fin, la autocrítica sincera de cada tradición en cuanto a su contribución al respeto y promoción de los derechos humanos» [24].

Las identidades no son, por tanto, un conjunto de atributos fijos. Constituyen, por el contrario, un proceso político complejo de interacciones que precisa ser reconocido y representado en unas instituciones renovadas[25]. La meta de las teorías feministas debería ser superar las políticas de discriminación positiva. La cuestión no es tanto que las mujeres se constituyan como

---

Democratic Future, Routledge Press, New York, 1997) y Nancy Fraser (*Justice Interruptus. Critical Reflextions on the «Postsocialist» Condition*, Routedge Press, New York, 1997).

[24] LUCAS MARTÍN, F. Javier de, «Para una discusión de la nota de universalidad de los derecho. (A propósito de la crítica del relativismo ético y cultural)», *Derechos y Libertades*, Madrid, núm. 3, 1994, pp. 259-312, concretamente p. 259). Alain Touraine explica claramente la necesidad de oposición y conflicto en una democracia (*Crítica a la modernidad*, trad. M. Armiño, Temas de Hoy, Madrid, 1993, pp. 431 y ss.). También, ANSUÁTEGUI ROIG, Francisco Javier, «La cuestión de universalidad de los derechos: de las intuiciones a los problemas», en Ansuátegui Roig, Francisco Javier *et altri* (coords.), *Historia de los derechos fundamentales*, vol. 4, tomo 4, 2013, pp. 3-122.

[25] Así, tanto las «mujeres» como también los «hombres» son categorías políticas y no categorías de esencia natural. Véase Carol Lee Bacchi (*The Politics of Affirmative Action. «Women», Equality and Category Politics,* Sage Publications, London, 1996, pp. 5 y ss.), Monique Wittig («The Category of Sex», *Feminist Issues*, vol. 2, Fall 1982, pp. 63-68), también Diana Fuss (*Essentially Speaking: Feminist, Nature and Difference*, Routledge Press, New York, 1989, p. 41) y Marjorie Garber (*Vested Interests: Cross Dressing and Cultural Anxiety*, Routledge Press, New York, 1992).

identidad cultural. La cuestión de fondo es que las «mujeres» al constituirse como identidad (como colectivo) y categoría política corren el riesgo de tener que contraponerse a otros grupos para hacer valer sus propuestas. Colocar a las «mujeres» como categoría política aparte es necesario a corto plazo pero puede tener el efecto de segregar una serie de temas como «temas de mujeres». Las mujeres se «incorporan» o «añaden» a la agenda política a través de políticas de «formación» o «asistencia»[26]. La igualdad de resultados se interpreta en relación a un proyecto de vida definido en realidad por hombres y no por mujeres[27]. Desde este punto de vista el inconveniente parece residir en las propias mujeres, que no están preparadas para la vida pública o que tienen que equilibrar el trabajo asalariado con el trabajo doméstico. Pero esto no es realmente así, la traba radica en las estructuras políticas y sociales que han generado unos roles y que han definido de determinado modo un proyecto de vida digna. No se puede pedir que las mujeres asuman el rol tradicional de los hombres y, además, mantengan el suyo propio. Esto es exigir una doble vida a las mujeres que es prácticamente imposible de realizar.

Hay que tener muy claro que el fin de las teorías y políticas feministas tiene que conducir a la construcción de la diferencia entre todos como seres humanos que eligen libremente los resultados o proyectos de vida digna, y no entre mujeres y hombres. La lucha apuesta por conseguir un cambio institucional, jurídico y cultural que cuente por igual con ambos sexos en los círculos decisorios públicos y privados, obligando a compartir cargas y tareas. Para ello se ha de crear ese «espacio social ampliado» de interacción.

Todavía se plantea otro problema a raíz de estas novelas que se añade a la situación de inferioridad de la mujer. Se trata de la cuestión de la *justicia social* planteada desde el deficiente disfrute de los recursos sociales, culturales y económicos al que se ve avocado el sexo femenino. Durante el siglo XIX la desigualdad en recursos afectaba a un colectivo concreto (el proletariado), pero muy especialmente a las mujeres de ese mismo colectivo y, en cierto modo, también a las mujeres de las restantes clases sociales.

---

[26]   BACCHI, Carol Lee, *The Politics of Affirmative Action, cit.*, p. 84.
[27]   MACKLEM, Timothy, *Beyond Comparison. Sex and Discrimination*, Cambridge UP, Cambridge, 2003, *passim*; FELICE, William F., *The Global New Deal. Economic and Social Human Rights in World Politics*, Rowman and Littlefield, Lanham (Md.), 2003, p. 163; BAINES, Beverley y RUBIO MARÍN, Ruth, *The Gender of Constitucional Jurisprudence*, Cambridge UP, Cambridge, 2004, pp. 14 y ss.

La protagonista de *Villette* nos ofrece una explicación muy ilustrativa de la justicia social desde la mirada femenina de aquel siglo. La justicia social se identificaba con una loca vestida de rojo que ignoraba a los pobres quienes moribundos lanzaban llamadas de ayuda. La justicia social no existía como tal, sino más bien identificaba con la beneficencia. El pobre era ignorado por las instituciones sociales y el Estado. Únicamente cuando éste adquiría cierto poder de presión se le concedía una limosna de consuelo o caridad que acallara sus quejas. La actitud de la sociedad liberal estaba todavía enraizada en la obligación moral de beneficencia, sin decidirse por el establecimiento de una obligación *jurídica* basada en la solidaridad social. Los principios bandera de la Revolución francesa fueron paralizados para el mantenimiento de los pilares básicos de una sociedad liderada por la burguesía. Sólo un intento de armonización de los conflictos para pacificar y estabilizar y, en definitiva, «controlar» los movimientos emergentes hacía posible la concesión de determinados derechos a la clase trabajadora, generando una suerte de intervencionismo conservador, limitado o subsidiario.

Los problemas en el disfrute de los bienes y recursos disponibles se agudizaban en el caso de la mujer, cuya voz diferenciada critica la «casa de muñecas» en la que viven recluidas las mujeres blancas, de clase media y universitarias, incapaces de ejercitar su libertad real. Esta nueva voz deja sentadas las bases para ir mucho más allá, a fin de incidir en la multiplicidad de opresiones que se solapan en las desigualdades de género, desde las económicas hasta las de tipo racial. De la misma forma plantea la necesidad de establecer una legislación acorde con la idea de solidaridad y justicia social como estrategia conjunta de una política democrática paritaria.

El propósito entonces es impulsar una nueva teoría de la justicia basada más en la pluralidad y diferencia de expectativas, necesidades y bienes, preocupada por «la potenciación de condiciones reales-económicas, institucionales y culturales-tendentes a provocar resultados realmente justos en los procesos de decisión institucional y en los ámbitos sociales tradicionalmente considerados *privados*»[28].

Tanto en *Villette* como en *Insolación*, se alude a la injusticia de la organización social y en este sentido se discute hoy sobre una otra metáfora denominada la «conciencia cyborg», referente a un punto de vista distinto alejado

---

[28]   HERRERA FLORES, Joaquín, *De habitaciones propias y otros espacios negados cit.*, p. 114.

de lo socialmente reconocible en la modernidad (orgánico y tecnológico a la vez), basado además en las realidades superpuestas de la opresión[29]. Desde esta conciencia se niega la formulación meramente racional de principios de justicia que deja fuera las diferencias fundadas en la consideración abstracta del otro para llegar a reconocer sus valores y expectativas generadas a raíz de su propia concepción del bien común[30]. Las propuestas van dirigidas al reconocimiento de un renovado poder constituyente nacido de un nuevo pacto o contrato social que parta de la paridad democrática[31]. Este poder reconocería las diferencias culturales, garantizaría los resultados y superaría las viejas visiones e imposiciones sociales.

En esta concepción de la institución y la actividad política los procesos formales se entrelazan con los informales de la vida social. No se abandona la política, sino que se complementa con otros procesos de discusión y opinión informales. No es que se invite a seguir exactamente esta perspectiva pero es pertinente e incluso imperativo preguntarse por la posibilidad de pensar las identidades sexuales y de género de forma distinta.

Como conclusión, se observa que las autoras pasadas, en la mayoría de las ocasiones a través de seudónimos masculinos, se veían más o menos libres de realizar ciertas afirmaciones en sus escritos puesto que sus textos no tenían consecuencias político-jurídicas inmediatas. A pesar de ello, las implicaciones sociales de estas miradas son innegables. Por esto mismo algunas de las obras feministas desembocaron en rechazos editoriales y censuras y, en su reverso, otras disfrutaron de un gran éxito entre el público, por entonces, principalmente femenino.

No es de extrañar que durante el siglo XIX la novela sirviera de instrumento para plantear un punto de vista distinto que incluyera la denuncia de la igualdad formal implantada en la sociedad y la legislación, aquella basada en una identidad pública que deja las diferencias relegadas al ámbito privado. Asimismo, se

---

[29] *Ibíd.*, p. 117 y ss. Herrera Flores hace referencia a los dos autores que han tratado principalmente esta metáfora: Antonio Negri y Michael Hardt (*El trabajo de Dionisos*, trad. R. Sánchez, Akal, Madrid, 2003) y Donna J. Haraway (*Ciencia, 'ciborgs' y mujeres. La reinvención de la naturaleza*, Cátedra, Madrid, 1995).

[30] BENHABIB, Seyla y CORNELLA, Prucilla, *Teoría feminista y teoría crítica*, trad. A. Sánchez, Alfons el Magnánim, Valencia, 1990.

[31] PUIGPELAT MARTÍN, Federica, «Libertad y seguridad en un nuevo contrato social», *Anuario de Filosofía del Derecho*, núm. XXII, 2005, pp. 83-109, pp. 88 y ss.

utilizaría como medio para mostrar el malestar de un individualismo abstracto ignorante de las conexiones entre libertad e igualdad, y como crítica de las desigualdades sociales, económicas y culturales que establecen importantes diferencias respecto a la capacidad de actuar de los sujetos de distintos grupos.

Tanto *Villette* como *Insolación* son obras ejemplares. Las dos trasmiten una visión femenina crítica con la sociedad patriarcal, que pone de manifiesto la artificialidad de las diferencias clásicas entre mujeres y hombres, como *construcciones* o *invenciones* modernas basada en las distinciones biológicas, y usadas para justificar las desigualdades político-jurídicas y socio-culturales de género negadoras de la mujer como sujeto racional y relegadoras de la misma a la condición de sujeto débil, sensible y necesitado de protección. Realizan, igualmente, una fuerte crítica a la concepción liberal del contrato social divisor de la esfera social en pública y privada y de la justicia social todavía organizada con base en una dimensión meramente moral que se despliega a través de la mera beneficencia.

Estas denuncias permiten ahora la *reconstrucción* de la realidad social a partir de un nuevo sujeto político, que acabe con la separación artificial entre la esfera pública y privada optando por un «espacio social ampliado» que presente conjunta y dialécticamente los dualismos de esencia ontológica de género. Este espacio ha de dar lugar, asimismo, a una concepción renovada de la justicia social que apele a la dimensión político-jurídica de la misma, y se erija partícipe de la mirada compleja de las realidades solapadas en las opresiones y desigualdades presentes en nuestras sociedades.

II. RECONSTRUCCIONES ACTUALES DEL SUJETO FEMENINO. EL EJEMPLO DE *THE HANDMAIL'S TALE* (1985) DE MARGARET ATWOOD (1939): LA AUTODESIGNACIÓN

> «Nuestra misión es la de procrear: no somos concubinas, ni geishas, ni cortesanas. Al contrario, han hecho todo lo posible para apartarnos de esa categoría. No debe existir diversión con respeto a nosotras, no hay lugar para que florezcan deseos ocultos; los favores especiales están vedados tanto para ellos como nosotras, no hay ninguna base en la que pueda asentare el amor. Somos matrices con patas, eso es todo: somos recipientes sagrados, cálices ambulantes».

Margaret Atwood, *El cuento de la criada*[32].

---

[32] ATWOOD, Margaret, *El cuento de la criada*, trad. E. Mateo Blanco, Salamandra, Barcelona, 2017, sección 8, capítulo 23, p. 196.

«Evito mirar mi cuerpo, no tanto porque sea algo vergonzoso o impúdico, sino porque no quiero verlo. No quiero mirar algo que me determina de forma tan absoluta».

Margaret Atwood, *El cuento de la criada*[33].

«Espero. Me compongo. Mi persona es una cosa que debe componer, como se compone una frase. Debo representar algo que ha sido hecho, no que ha nacido».

Margaret Atwood, *El cuento de la criada*[34].

The Handsmail's Tale (*El cuento de la criada*, 1985) es una conocida obra de la famosa escritora canadiense Margaret Atwood[35], que además ha tenido un exitoso traslado a las pantallas en forma de serie televisiva.

Como todas las novelas de Atwood, *El cuento de la criada* se caracteriza por su crítica feminista y social. Es feminista porque refleja que la identidad femenina ha sido injusta y artificialmente definida por aquellos que están en el poder, que son varones, y lo es también porque promueve la autoconstrucción de la identidad y la solidaridad entre las mujeres. A Atwood le interesa que el protagonismo lo tengan las féminas puesto que solamente a ellas corresponde configurar su propia identidad. De este modo entronca, aunque muy críticamente, con las reivindicaciones de cierto feminismo (feminismo radical, incluso cultural, o feminismo de la diferencia).

La conexión de su obra con las teorías feministas existe, pero es cierto que las obras de ficción tienen una relación dinámica con el discurso teórico, no son meras interpretaciones del mismo y pueden anticipar su desarrollo. Esto quiere decir que, como bien afirma Fiona Tolan, el feminismo de Atwood no es el que se lee en los textos académicos de la época exactamente, ella hace una contribución original al discurso[36]. De hecho, un punto a destacar respecto a *El cuento de la criada* es precisamente su planteamiento

---

[33]   *Ibid.*, sección 4, capítulo 12, p. 102.

[34]   *Ibid.*, sección 4, capítulo 12, p. 106.

[35]   Ya en 1991 se publicó un grueso volumen en el que aparece una lista de toda su obra, y sobre todo de los numerosísimos escritos que hasta la fecha habían analizado los trabajos de Atwood (MACCOMBS, Judith and PALMER, Carole L., *Margaret Atwood: A Reference Guide*, G. K. Hall and Co., Boston, 1991). Obviamente, en este trabajo no podré abordar todos ellos, y me centraré en las referencias que considero centrales para trabajar la temática de la escritura del cuerpo y de la identidad femenina.

[36]   TOLAN, Fiona, *Margaret Atwood: Feminism and Fiction*, Rodopi, Amsterdam-New York, 2007, p. 2.

novedoso del debate teórico, puesto esta escritora utiliza la crítica sin negar ningún tipo de feminismo.

La perspectiva feminista se acompaña, además, de una enérgica crítica social[37]. Atwood cree que la literatura tiene un papel fundamental en la realidad política y social, y en la novela *El cuento de la criada* reconoce que quiso dejar constancia de los cambios ocurridos en pocos años en la sociedad afgana[38]. Al hilo de esto, no es extrañar que esta novela tenga lugar en la inventada República de Gilead, supuestamente constituida en suelo estadounidense. Autoras como Coral Ann Howells o Marion Wynne-Davis declaran que Atwood escribe esta novela para advertir que la inercia política de Occidente no se puede separar de las atrocidades que se comenten en otras partes del mundo. Por eso idea una sociedad futura distópica[39] en la misma Norteamérica en la que el ala derecha fundamentalista ha llegado al poder absoluto y cuyos principios derivan del puritanismo americano del siglo XVII y el viejo testamento[40]. Se ha discutido mucho sobre si realmente Atwood ha planteado una sociedad futura o si, por el contrario, es más acertado señalar

---

[37]   La escritora ha estado siempre muy comprometida con la política internacional, el medio ambiente, y la amenaza de la expansión económica del primer mundo. Hay que recordar que en el momento en que escribió *El cuento de la criada* era activista de Amnistía internacional.

[38]   WYNNE-DAVIS, Marion, *Margaret Atwood*, Northcote House Publishers Ldt., Tavistock, Devon (United Kingdom), 2010, p. 2. Ingersoll, Earl G. (ed.), *Margaret Atwood. Conversations*, Ontario Reviw Press, Princeton, New Yersey, 1990, p. 5.

[39]   Según el diccionario de la RAE «utopía» es una representación imaginaria de una sociedad futura de características favorecedoras del bien humano; es decir, es un sistema de gobierno de una sociedad perfecta y justa, donde todo discurre sin conflictos y en armonía; un plan ideal atrayente y beneficioso para la comunidad que es muy improbable que suceda o que en el momento de su formulación es irrealizable (utopía significa literalmente «no lugar»). Una distopía es todo lo contrario: una representación ficticia de una sociedad futura de características negativas causantes de la alienación humana.

[40]   WYNNE-DAVIS, Marion, *Margaret Atwood, cit.*, pp. 37 y ss. La novela, de hecho, está repleta de alusiones a paisajes bíblicos (nombres, expresiones, etc…): HOWELLS, Coral Ann, *The Handmaids's Tale. Notes*, Longman/ York Press, London, 1993, pp. 7 y ss. Howells también hace alusión al contraste entre Norteamérica donde está situada Gilead y Canadá donde quieren escapar los personajes para recuperar la libertad. Véase también *Id.*, *Margaret Atwood*, Macmillan, London, 1996. Igualmente, véase SOMACARRERA IÑIGO, Pilar, «Power politics: power and identity, in Howells, Coral Ann (ed.), *The Cambridge Companion to Margaret Atwood*, Cambridge University Press, Cambridge, 2006, pp. 43-57, p. 52. HOWELLS, Coral Ann, «Margaret Atwood's dystopian visions. The Handmaid's Tale and Oryx and Crake, in Howells, Coral Ann (ed.), *The Cambridge Companion to Margaret Atwood, cit.*, pp.161-175.

que todo lo narrado ya ha ocurrido aquí o en otros lugares del mundo. Al respecto opino que la novela no es de *ciencia ficción* sino efectivamente una *ficción especulativa*[41].

La actitud de inercia y pasividad que viven nuestras sociedades es la misma que narra la protagonista de *El cuento de la criada* cuando afirma:

«Vivíamos, como era normal, haciendo caso omiso de todo. Hacer caso omiso no es lo mismo que ignorar, hay que esforzarse para ello. Nada cambia al instante: en una bañera en la que el agua calienta poco a poco, uno podría morir hervido sin tiempo de darse cuenta siquiera. Por supuesto, en los periódicos aparecían noticias: cadáveres en las zanjas o en el bosque, mujeres asesinadas a palos o mutiladas, mancilladas, solían decir; pero eran noticias sobre otras mujeres, y los hombres que hacían semejantes cosas eran otros hombres»[42].

---

[41]   Un libro más recientemente publicado es MEAD, Rebecca, «Margaret Atwood, profeta de la distopía», en VV.AA., *El cuento de la criada. Ensayos para una incursión en la república de Gilead*, Errata naturae, Madrid, 2019, pp.13-42, p. 21 entre otras. Este texto fue publicado anteriormente en *The New Yorker*, abril, 2017 (trad. D. Muñoz Mateos). También en el mismo volumen DE LOS RÍOS, Iván, «Cuento, luego existes. Genealogía, distopía y ficción», en VV.AA., *El cuento de la criada. Ensayos para una incursión en la república de Gilead*, cit., pp. 45-58, especialmente pp. 54-55: «La distopía es una herramienta filosófica al servicio del desciframiento genealógico de las formas contemporáneas de dominación en sistemas opresivos y teocráticos (…) En términos genealógicos, la distopía se sitúa más allá de la distinción métrica entre pasado, presente y futuro porque elabora, en la forma ficticia de un horizonte epocal parcialmente reconocible, las condiciones de posibilidad de una comprensión del presente, del horror del presente y de la naturalización de unas prácticas moralmente repugnantes (…) no debe, en mi opinión, ser leído en la clave profética e hiperbólica inminente (¡qué viene el lobo y se llama Gilead!), sino desde la perspectiva estrictamente genealógica de una reconstrucción *a contrario* de los mecanismos que permiten el nacimiento y la perpetuación de un sistema teocrático y totalitario». Asimismo, desde el punto de vista periodístico, SIMÓN, Patricia, «El cuento de nuestras criadas», en VV.AA., *El cuento de la criada. Ensayos para una incursión en la república de Gilead*, cit., pp. 61-88; y en relación a los ciclos sociales DE VÁUL, Anna, «Una gran tiniebla llena de resonancias», en VV.AA., *El cuento de la criada. Ensayos para una incursión en la república de Gilead*, cit., pp. 101-114; WESCH, Samantha, «Bebés y placeres», en VV.AA., *El cuento de la criada. Ensayos para una incursión en la república de Gilead*, cit., pp. 151-168, p.153. Se ha vuelto a mencionar este asunto en MORENO TRUJILLO, María Paulina, «El cuento de la criada, los símbolos y las mujeres en la narración distópica», en *Escritos*, Fac. Filos. Let. Univ. Potif. Bolívar, Medellín, vol. 24, núm. 52, 2016, pp. 185-211. También recientemente en DA COSTA SÖHNGEN, Clarice Beatriz y MASSULO BORDIGNON, Danielle, «The Handmaid´s Tale: um ensaio jurídico-literário», en *Anamorphosis. Revista Internacional de Direito e Literatura*, vol. 5, núm. 1, janeiro-junho 2019, pp. 125- 147, en concreto p. 127.

[42]   ATWOOD, Margaret, *El cuento de la criada*, cit., sección 4, capítulo 10, p. 94.

A través de la narración de la *Criada* Defred[43], Atwood presenta una sociedad distópica perfectamente posible, al estilo de *1984* de George Orwell[44] pero en versión intimista, donde las mujeres han perdido las libertades históricamente conquistadas y al mismo tiempo paradójicamente han conseguido algunos de los objetivos planteados por cierto feminismo. El sistema ha manipulado ciertos eslóganes feministas y los ha reinterpretado en sentido opuesto[45] llevando bajo su régimen del bien a una sociedad más segura, donde se ha limitado la prostitución o prohibido la pornografía e incluso existe cierta solidaridad entre mujeres[46], pero donde a cambio y como inevitable consecuencia se ha implantado un sistema fuertemente constrictor de las libertades.

La seguridad se consigue en un estado panóptico de *Ángeles* (ejército), *Ojos* (la policía oculta) y *Guardianes* que vigilan, como describía Michel Foucault en *Vigilar y castigar*[47], a una estratificada colectividad de hombres y mujeres identificados, nombrados, escritos en base a nombres genéricos, indumentarias determinadas y un rol social predispuesto, y donde cualquier resistencia es rígidamente reprimida hasta con la muerte por ahorcamiento público o expulsión a las contaminadas colonias. Es especialmente curioso el castigo de colgar con carteles los cuerpos en el paredón (colgado por ser judío, o por ser homosexual, o por ser musulmán o por cualquier otra razón contraria al régimen). La condena es impresa en los cuerpos que cuelgan. Esto no puede dejar de recordar los juicios de brujas, los linchamientos y la letra escarlata de la protagonista de la novela de Nathaniel Hawthorne[48].

---

[43]   La «perteneciente al Comandante Fred». En inglés el nombre genera otro significado: Offred es a la vez «de Fred» y «ofrecida» (a Fred).

[44]   Así lo entiende, por ejemplo, Beauchamp, Gorman, «The Politics of The Handmaid´s Tale», en *Midwest Quaterly*, Pittsburg, vol. 5, núm. 1, 2009, pp. 11-25.

[45]   HOWELLS, Coral Ann, *The Handmaids´s Tale. Notes*, *cit.*, pp. 46 y ss. Véase también SOMACARRERA IÑIGO, Pilar, *Margaret Atwood (1939-): poder y feminismo*, Ediciones del Orto, Madrid, 2000, p.18.

[46]   «Lo que pretendemos, dice Tía Lydia, es alcanzar un espíritu de camaradería entre las mujeres. Todas debemos actuar de común acuerdo», ATWOOD, Margaret, *El cuento de la criada*, *cit.*, sección 12, capítulo 34, p. 305.

[47]   FOUCAULT, Michel, *Vigilar y castigar. Nacimiento de una prisión*, trad. A. Garzón del Camino, Siglo XXI, Buenos Aires, 2003.

[48]   Una edición de ese libro es HAWTHORNE, Nathaniel, *La letra escarlata*, trad. J. Donoso y P. Serrano, Penguin Random House, Barcelona, 2015.

El cuento de la criada ha sido una novela ampliamente estudiada desde diferentes perspectivas[49]. En esta ocasión se visitará la faceta más intimista para desarrollar novedosamente algunos aspectos en relación a la escritura de los cuerpos y a la cuestión concreta de la construcción de la identidad femenina en la que el cuerpo tiene una relevancia particular.

La cuestión a discutir es la manera en que se escriben los cuerpos y si es posible rescribir la identidad de las mujeres en un contexto social que les niega su condición de sujetos, y también si puede recuperarse algo, si es que lo hay, de lo que la definición patriarcal ha borrado.

Para analizar estas cuestiones parto de la siguiente idea: la ideología patriarcal ha permitido mantener la diferenciación y también la desigualdad entre mujeres y hombres basándose en la naturaleza humana que cree predeterminada de antemano y diferente en atención al sexo biológico. Las mujeres han quedado así definidas en relación a su cuerpo que es interpretado tanto como objeto de deseo como motor reproductor.

La república de Gilead de la novela se corresponde con esta estructura patriarcal. No podía ser de otra manera al ser una sociedad fuertemente apoyada en una lectura literal y conservadora de los textos bíblicos[50]. En esta sociedad las mujeres están definidas en base a una interpretación de su cuerpo y esto tiene consecuencias en todos los niveles sociales. Afirma la protagonista:

> «..es culpa mía. No mía, sino de mi cuerpo, si es que existe alguna diferencia»[51]

En la sociedad descrita en la novela se ha reprimido oficialmente la consideración de la mujer como objeto de deseo en un sistema fuertemente religioso y donde los problemas reproductivos justifican determinadas prácticas que de

---

[49]   Desde el principio, los estudios se han centrado fundamental en el análisis de la utopía-distopía planteada en la novela, o también en la confrontación que generan las tesis comunitaristas y liberales en relación a la sociedad y los individuos. Por ejemplo, se ha sostenido que Atwood narra cómo una idea del bien en el sentido que plantean las tesis comunitaristas puede llevar al totalitarismo si no existe una instancia externa que tenga la posibilidad de criticar esa idea del bien. La protagonista Defred proporciona una utopía con el recuerdo de sus experiencias pasadas, haciendo que el pasado sea utópico en distópicas circunstancias. La utopía hace eso, imaginar algo fuera de la cultura (TOLAN, Fiona, *Margaret Atwood: Feminism and Fiction, cit.*, pp. 166 y ss.)

[50]   DA COSTA SÖHNGEN, Clarice Beatriz y MASSULO BORDIGNON, Danielle, «The Handmaid´s Tale: um ensaio jurídico-literário», *cit.*, p. 134.

[51]   ATWOOD, Margaret, *El cuento de la criada, cit.*, sección 6, capítulo 14, pp.123-124.

otra manera serían contrarias a la clásica moral religiosa puritana. Paradójicamente, la justificación de estas experiencias se encuentra en los pasajes bíblicos (en el pasaje bíblico de Bilhah Raquel, esposa de Jacob, utilizó a su sirviente para concebir, Génesis 30: 1 y 3). Este hecho coincide con las reivindicaciones del feminismo radical, que pedían seguridad para las mujeres. Ahora las mujeres están seguras, ya no son violadas ni violentadas y son respetadas cada una en su rol (al menos en teoría[52]). Solo en la clandestinidad sigue existiendo la prostitución en Jezebel, y fuera de él cualquier relación sexual más allá de la norma tiene el riesgo de sanciones muy duras (cortar una mano, por ejemplo).

Esto no quiere decir, ni mucho menos, que la definición patriarcal de las mujeres se haya suprimido. Ésta continúa presente, en primer lugar, porque las mujeres siguen siendo objetos a poseer; en segundo lugar, y principalmente, porque las mujeres continuan siendo cuerpo reproductor y es su cuerpo biológico lo que determina su rol social. Esta determinismo biológico llega a su extremo en el papel de las *Criadas*, consideradas el envase reproductivo. Ellas pertenecen a la reserva nacional[53], como afirma Defred. Son posesiones del Estado (y por tanto son vestidas, alimentadas y cuidadadas) y luego entregadas a los Comandantes para reproducir[54]. Como afirmaba Foucault, el control de la reproducción es una forma fundamental de control por parte del Estado[55] y eso es lo que hace el Estado de Gilead.

Así pues, este sistema patriarcal imaginado sigue estructurando los roles sociales masculino-femenino en función de los sexos macho-hembra, en base a los cuerpos y sus dotes naturales, y lo hace a través de una ficción reproductiva que cede unos cuerpos femeninos para servir a otras mujeres (las *Esposas*) con el objetivo de satisfacer su fin último como féminas, que es la reproducción, y poder desarrollar así su auténtica función social de cuidado.

Las identidades de género son escritas a través de leyes y también de vestimentas con colores y atuendos determinados, con normas y formulismos sociales

---

[52] Hay que recordar el personaje del doctor que se aprovecha de su situación para violar a las *Criadas* y dejarlas preñadas (ATWOOD, Margaret, *El cuento de la criada, cit.*, sección 4, capítulo 11). Pilar Somacarrera explica que en general en las novelas de Atwood los médicos aparecen como dominadores del cuerpo femenino, como así lo ha hecho culturalmente la ciencia (SOMACARRERA IÑIGO, Pilar, *Margaret Atwood, cit.*, p. 38).

[53] ATWOOD, Margaret, *El cuento de la criada, cit.*, sección 4, capítulo 12, p. 104.

[54] No hay que olvidar que aquí se esconde un debate acerca de la maternidad subrogada.

[55] FOUCAULT, Michel, *La verdad y las formas jurídicas*, trad. E. Lynch, Gedisa, Barcelona, 1983.

o incluso con marcas concretas en sus propios cuerpos (los tatuajes con cuatro dígitos y un ojo, símbolo de la vigilancia constante del sistema, que recuerdan a los realizados a los prisioneros nazis en los campos de concentración).

El tema del color es particularmente interesante. Los colores existen por convención y su simbolismo puede variar de un contexto a otro[56]. A pesar de ello, en la novela los colores tienen sentido unívoco[57] que uniformiza y homogeniza a los seres humanos, clasificándoles estrictamente según su rol social («que no nos hubieran vestido a todas igual si no querían que formáramos un ejército», afirma una Defred mucho más combativa en la serie televisiva).

Los hombres adoptan el negro definido como la «ausencia de color», como «no color». La razón es que en ellos poco ha cambiado su rol: siguen siendo seres activos naturalmente racionales y capaces de llevar el liderazgo. Se denominan *Comandantes* y tienen derecho a poseer esposa y también criada fértil. Hay otros hombres, también de oscuro, que no son *Comandantes*, pero son considerados «menos hombres» al carecer de ese derecho al acceso a mujeres fértiles o incluso sin derecho a mujer alguna. En teoría, el sistema impide absolutamente a los hombres gozar sexualmente de otras mujeres distintas de sus *Esposas*, y las *Criadas* tienen terminantemente prohibido mirarles o hablarles directamente para evitar cualquier tentación (aunque de hecho muchos de los *Comandantes* lo permiten a escondidas). En nuestro contexto, el negro es la oscuridad, y simboliza la muerte, y también el poder y la represión. Creo que en este sentido hay en ellos una referencia clara al sistema dictatorial y represor nazi.

En cuanto a las mujeres, en la ficción creada en un mundo deteriorado por la contaminación, éstas quedan divididas en *mujeres* dentro de los muros de la república de Gilead, y *no-mujeres* que son las pecadoras e indeseables (solteras que han tenido relaciones prematrimoniales, feministas, viudas, lesbianas y todas las que se han opuesto al régimen). Las *no-mujeres* son

---

[56] En particular Goethe decía que los significados de los colores son añadidos: GOETHE, Johannes Wolfgang von, *Teoría de los colores*, trad. P. Simon, Poseidon, Buenos Aires, 1945 (original 1810). Por citar otros teóricos del color más recientes: ALBERS, Josef, *Interacción del color*, trad. M. L. Balseiro, Alianza Forma, Madrid, 2001; PAWLIK, Johannes, *Teoría del color*, trad. C. Fortea, Paidós, Barcelona, 1996.

[57] Recientemente se ha escrito sobre ello en relación a la serie de televisión en ZACÁRATE, Mariana, PAGNONI BERNS, Fernando Gabriel y AGUILAR, Emiliano, «El rojo y el negro», en VV.AA., *El cuento de la criada. Ensayos para una incursión en la república de Gilead, cit.*, pp. 225-235.

expulsadas a las colonias y destinadas a morir recogiendo residuos tóxicos. Las mujeres de Gilead siempre viven bajo la amenaza de ser consideradas *no-mujeres* si no cumplen su función social. Lo peor que les puede ocurrir es ser declaradas *no-mujeres* porque ello conduce a negarles toda definición y, así pues, no ser consideradas ni siquiera como un ser humano. Más allá de los muros de la república y la ley de Gilead, ya no hay nada, no hay definiciones. Como *En la colonia penitenciaria* de Franz Kafka, ser enviado a las colonias es la mayor condena, la mayor tortura, y con el título de *no-mujeres* se hace una inscripción que borra el cuerpo, la identidad y la subjetividad de las mujeres.

Las mujeres dentro de los muros son designadas a través de otros colores: azul cerceta, verde opaco y rojo. Las mujeres quedan fragmentadas en aquellas que lideran las tareas de la casa, denominadas *Esposas* y vestidas de cerceta (una mezcla apagada entre azul y verde que sería calificado de color negativo por Goethe), y las que en efecto las realizan (limpian y cocinan) llamadas *Martas*[58] y vestidas de verde claro. Luego están las *Criadas* de rojo bermellón que son las reproductoras de hecho[59]. En este gama de colores se recuerda la doble identidad de las mujeres: por un lado, los colores claros y apagados las representan, como lo hacía Kierkegaard, como seres frágiles, indefensos a la vez que pasivos; por otro, el rojo oscuro muestra a las mujeres como lo haría el propio marqués de Sade, como seres irracionalmente emocionales, seres sexuales, fuente del deseo y perdición, al mismo tiempo que ese color simboliza la sangre que conlleva el parto y referente a su principal función reproductiva. En la novela el rojo, que en principio es un color positivo, se torna negativo ya que imprime el carácter de esclavitud sexual y reproductiva. Los trajes rojos de las *Criadas* son especialmente anchos para esconder las formas corporales de mujer y se acompañan, además, de una cofia blanca símbolo de la pureza y la limitación religiosa. Esta cofia dificulta su visión e imposibilita a los demás ver su rostro (el de una persona), y a ellas les impiden ver el mundo y al otro. A las *Criadas* se les ha borrado su nombre, se les ha hecho esclavas reproductivas y tampoco se les permite leer ni escribir, siendo marcadas con tatuajes en sus cuerpos y consideradas meras posesiones. Los totalitarismos hacen eso, diría Hannah Arendt, destruir cada

---

[58] Nombre tomado de la historia bíblica de Marta y María, Lucas 10:38-42.

[59] En realidad hay más categorías de mujeres, están las economujeres que van vestidas con rayas de colores que son las mujeres de los hombres que no son *Comandantes* y ejercen todas las funciones de género a la vez.

rastro de dignidad humana[60]. En ellas es evidente la violación del principio clásico kantiano de dignidad según el cual nadie puede ser considerado como un mero instrumento[61].

Con estas marcas, las mujeres son definidas como objetos a poseer, seres obedientes, solo aptas para el cuidado y el amor y su labor se debe ceñir al ámbito del hogar. Su faceta del deseo es ahogada y se redirigen a una simple función reproductiva.

Gilead es un sistema represor basado en el miedo, la tortura y las ejecuciones públicas, y en el que las mujeres están excluidas del poder y de las decisiones que atañen a ellas mismas, careciendo en última instancia de voz en cualquier de los papeles que asumen. La mujer se ha reducido a una identidad que, estando fragmentada, sigue estando completamente designada, escrita política, jurídica y socialmente por hombres. Sin embargo, las mujeres no son solamente víctimas sin más. Por ejemplo están las *Tías* que lideran y son el nexo de unión a modo de solidaridad entre las mujeres, y que demuestran ser muy crueles. Cabe, así, una imagen de mujer malvada que ayudó a incorporar el sistema y que tiene un papel activo para mantenerlo. Es más, las mujeres no solamente son víctimas puesto poseen cierto poder: las *Esposas* sobre las *Martas* y las *Criadas*, o las mismas *Criadas* advierten tener poder al ser las únicas que pueden concebir.

En este escenario tan ilustradamente planteado por Atwood, se dialoga sobre la definición patriarcal de la mujer como objeto de deseo imaginando un sistema de moral impuesto que erradica el deseo sexual, reprimiendo a los hombres para que gocen de otras mujeres y a las mujeres mismas para que lo sientan. La escritora pone de relieve las consecuencias a las que pueden conducir ciertas reivindicaciones feministas al imponer una extrema limitación sexual, y lo fácil que es manipular sus consignas por parte de un poder conservador. Sin duda, resuena aquí la crítica al feminismo jurídico de autoras como Catharine MacKinnon, quien dio lugar al movimiento anti-pornografía[62] y las leyes contra el acoso y abuso sexual, especialmente en

---

[60]   ARENDT, Hannah, *Los orígenes del totalitarismo*, trad. G. Solana Díez, Taurus, Madrid, 1998, p. 367.

[61]   De esto trata fundamentalmente el reciente trabajo de DA COSTA SÖHNGEN, Clarice Beatriz y MASSULO BORDIGNON, Danielle, «The Handmaid´s Tale: um ensaio jurídico-literário», *cit.*, pp. 131 y ss.

[62]   MACKINNON, Catharine, *Sexual Harrasment of Working Women: a Case of Sex Discrimination*, Yale University Press, New Heaven, 1979.

el ámbito laboral[63]. Esta tendencia sufrió un enérgico rechazo por parte de ciertos sectores progresistas, que acertaron en destacar el reduccionismo de las tesis del feminismo de Mackinnon, y también sus resultados contradictoriamente coincidentes con lo que propugnaba la censura del conservadurismo. El feminismo jurídico se había reducido a la sexualidad, la dependencia, la maternidad y la violencia sexual, pero en realidad también se debería de haber encargado de mostrar las condiciones para el deseo sexual libre de las mujeres[64]. Como decía Gayle Rubin, el hombre había controlado el tema de la sexualidad, por lo que centrarse en el «no» era esencial, pero el «sí» también es importante. El secreto es determinar cuál es el equilibrio[65]. Las reivindicaciones de este feminismo estaban encasilladas en un modo de pensar que encuentra la razón de la subordinación de las mujeres en las relaciones heterosexuales en las que lo masculino es la parte activa y lo femenino la pasiva[66], sin embargo, las razones de la discriminación son mucho más profundas y no necesariamente y siempre fruto de las relaciones heterosexuales entre mujeres y hombres.

La criada Defred de la novela valora la fuerza y valentía de la luchadora feminista encarnada en el papel de su madre, y también considera una heroína a su amiga Moira, feminista lesbiana radical[67]. Se ha afirmado, incluso, que

---

[63] La autora piensa lo siguiente: «The every day reality of pornography, particulary of adults, supersedes any formal law currently in force and becomes the real rules for women´s lives, the sacred secret codebook with directions about what to do with a women, what everything she says and does means, what a woman is. All the sexual abuses of women´s everyday lives that are recognized by the law are there in the pornography: the humiliation, the objectification, the forced access, the torture, the use of children, the sexualized racial hatred, the misogyny» (MacKinnon, Catharine, *Women's lives, Men's laws*, Harvard University Press, 2005, p. 37).

[64] Fineman, Martha A., «The Sexual Family», in Fineman, Martha A., Jackson Jack E. and Romero, Adam P., *Feminist and Queer Legal Theory. Intimate Encounters, Uncomfortable Conversation*, Ashgate, Burlington (USA), 2009, pp. 45-63, p. 47. También Fineman, Martha A., *The Neutered Mother, the Sexual Family, and Other Twentieth Century Tragedies*, Routlege, New York, 1995.

[65] Franke, Katherine M., «Theorizing Yes: An Essay on Feminism, Law, and Desire», in Fineman, Martha A., Jackson Jack E. and Romero, Adam P., *Feminist and Queer Legal Theory, cit.*, pp. 28-44, p. 29, p. 44.

[66] Laura Mulvey en otro contexto apuesta por un nuevo lenguaje del deseo. Mulvey, Laura, *Visual and Other Pleasure*, Palgrave Macmillan UK, 1989.

[67] «Moira era nuestra fantasía. La abrazábamos y estaba con nosotras en secreto, igual que una risita ahogada. Era como la lava debajo de la corteza de la vida cotidiana. A la luz de

Moira representa la doble de Defred, lo valiente e inconformista que le gustaría ser[68]. No obstante, ambas no tienen un final claro. La madre parece haber acabado en las colonias y Moira tampoco consigue escapar del sistema al reaparecer en el burdel Jezebel[69]. Atwood, de la mano de Defred, valora la fuerza y el coraje de las feministas radicales, pero al mismo tiempo no está dispuesta a asumir todas sus tesis y se niega a culpar totalmente a todos los hombres por un sistema que también los oprime a ellos.

Su rebeldía frente al conformismo se presenta de otra manera, de forma íntima. Por ejemplo, Defred recuerda su amor con su marido Luke y cómo era realizar con él el acto sexual en contraste con las experiencias de violación sufridas en cada ritual de procreación a la que es sometida mensualmente. Asimismo, está su historia transgresora de amor y sexo con el Guardián del *Comandante*, Nick. A través de esta historia sexual Defred se reapropia de su cuerpo y lo hace un lugar de reivindicación del deseo y de resistencia frente los discursos patriarcales que la han designado. Foucault decía que contra el dispositivo de la sexualidad, el punto de apoyo para el contraataque han de ser los cuerpos y los placeres[70]. Su pasión sexual con Nick es la manera que tiene Defred de oponerse a la apropiación de su cuerpo[71].

Al hilo de esto, hay que recordar que la lucha frente a la heterodesignación de las mujeres se intentó llevar a cabo escarbando por debajo de las definiciones impuestas por los hombres para hacer aflorar lo esencialmente femenino. Se reclamaba construir una contracultura[72] propia, un nuevo

---

Moira, las Tías resultaban menos temibles y más absurdas» (ATWOOD, Margaret, *El cuento de la criada, cit.*, sección 8, capítulo 22, p. 192). En la serie televisiva, sin embargo, cuando Defred consigue hablar con ella en Jezebel, Moira parece haberse rendido y es Defred la que consigue convencerla de nuevo para unirse al grupo de resistencia.

[68] YRIGOYEN, Elena, «Mujeres desdobladas en eterno e interno conflicto. Dominación, identidad y resistencia en El cuento de la criada y otros cuentos de Margaret Atwood», en VV.AA., *El cuento de la criada. Ensayos para una incursión en la república de Gilead, cit.*, pp. 117-134, especialmente 124-26.

[69] El nombre es tomado también de un paisaje bíblico 1 Reyes 21:15.

[70] FOUCAULT, Michel, *Historia de la sexualidad*, trad. U. Guiñazú, Siglo XXI, Madrid, 2007, p. 191.

[71] Esto mismo defiende WESCH, Samantha «Bebés y placeres», *cit.*, pp. 166 y ss.

[72] Ejemplo de ello es el feminismo cultural, que optó por una búsqueda esencialista de lo que significa ser mujer en contraste con la masculinidad y las imposiciones patriarcales. En esta línea Mary Daly defendía que la las mujeres contaban con una energía especial que requería liberarse y desembarazarse de los parásitos masculinos para poder expresarse creativamente. Esta

lenguaje y una simbología donde la mujer no fuera lo «otro» negativo. No se veían a las mujeres como un grupo homogéneo oprimido y necesitado de protección, sino un grupo al que se le había negado su existencia como tal. La autodesignación era posible acentuando el binomio hombre/mujer, para lo que era esencial valerse de la metáfora del cuerpo como material definidor de lo femenino. El cuerpo, que paradójicamente había servido para conformar al *otro* sujeto desde la óptica masculina como un cuerpo objeto de deseo masculino y función principalmente reproductora, adquiría para este feminismo una dimensión completamente distinta al redefinirlo y revalorarlo desde la óptica de la mujer. Frente al sujeto androcéntrico, racional por excelencia, este feminismo construye un orden simbólico propiamente femenino valiéndose de las experiencias emocionales que acompañan a los cuerpos[73]. La autopoesis de Luhmann se transforma en autodesignación o autogénesis del individuo.

---

energía se recargaba a través de los vínculos con otras mujeres donde afloraban su atributivos naturales: su amor, su creatividad y la capacidad para la crianza. Afirmaba: «La gyn/ecología pretende reclamar la energía de las mujeres que despide amor por la vida» (DALY, Mary, *Gyn/Ecology, The Metaethics of Radical Feminismo*, Beacon Press, Boston, 1978, p. 355). Del mismo modo, los primeros escritos de Adrienne Rich hablan de una conciencia femenina relacionada con el cuerpo femenino: nuestro fundamento biológico, el milagro o la paradoja del cuerpo femenino y sus significados político y espiritual son la clave para rejuvenercernos y volver a vincularnos con nuestros atributos femeninos (…) nuestras capacidades mentales, apenas utilizadas; nuestro sentido del tacto, tan desarrollado; nuestro talento para la observación aguda; nuestro organismo complicado y doloroso, y su placer mutilado» (RICH, Adrienne, *Of Woman Born. Motherhood as Experiencie and Institution*, Bantam, New York, 1977, p. 290 -Existe traducción castellana: *Nacemos de mujer. La maternidad como experiencia e institución*, Cátedra, Madrid, 1996-). ECHOL, Alice, «The New Feminism of Yin and Yang», en SNITOW, Ann; STANSELL, Christine; and THOMPSON, Sharon (eds.), *Powers of Desire: The Politics of Sexuality*, Monthly Review Press, New York, 1983, pp. 439-59.

[73] En Europa, la francesa Luce Irigaray, influenciada por el filósofo Gilles Deleuze y por el psicoanálisis de Jacques Lacan, investigó cómo el orden simbólico ha excluido a las mujeres como «lo diferente», e intentó reforzar esa diferencia apelando a otro orden simbólico distinto y propiamente femenino. Su objetivo era reconstruir lo femenino individual a partir de la búsqueda de la identidad femenina previa (determinada) y para ello retorna al mito del matriarcado imaginando desde el ideal maternal como habría podido ser la identidad femenina si la ideología patriarcal no se hubiera impuesto. Frente a la mera razón, explora las imágenes que representan la experiencia femenina de proximidad al «cuerpo» de la madre abriendo la experiencia hacía lo místico y lo religioso. Lucy Irigaray afirmaba: «Todo debe ser reinventado para evitar el *vacío*. Y si el lugar vuelve así a labrarse, siempre se hace en busca de las raíces perdidas de lo mismo. Porque en el horizonte se anunciaba un mundo hasta tal punto inconcebible, tan otro, que más vale entonces regresar bajo la tierra que asistir a un acontecimiento tan vertiginoso. La madre no significa tal vez más que un suelo mudo, un misterio poco figurable,

Esta perspectiva es valorada por la escritora, aunque siempre desde una punto de vista muy crítico. Atwood da cuenta de la insuficiencia y la posible manipulación que conlleva crear grupos donde las mujeres compartan sus experiencias para la reconstrucción del sujeto femenino al estilo de los grupos fomentados por el feminismo radical en Estados Unidos. Esto lo hace introduciendo en la República de Gilead espacios de encuentro y festejos entre las *Criadas* en las que, sin embargo, no aflora la crítica. La escena del nacimiento del bebé de Janine es muy significativa y termina con una sentencia muy clara de Defred:

> «Mamá, pienso. Estés donde estés ¿puedes oírme? Querías una cultura de mujeres. Bien, aquí la tienes. No es lo que pretendías, pero existe. Tienes algo que agradecer»[74].

Igualmente, Defred intenta reapropiarse de su cuerpo y encontrarse de nuevo consigo misma conectando sus experiencias actuales sobre la maternidad con sus recuerdos pasados, recordando la tesis del feminismo cultural o feminismo de la diferencia en Europa. Casi siempre lo hace en su propia habitación o espacio, desde lo doméstico y también más íntimo (como diría Virgina Woolf[75]). Afirma:

> «Mi habitación, entonces. Al fin y al cabo, ha de existir algún espacio que pueda reivindicar como mío, incluso en estos tiempos»[76].

También la Esposa del *Comandante* tiene su propio espacio en el jardín repleto de flores:

> «Este jardín es el reino de la Esposa del Comandante»[77].

---

pero al menos ella está *llena*. Desde luego, en ella se encontrará la opacidad y la resistencia e incluso la repulsión de la materia, el horror de la sangre, la ambivalencia de la leche, las huellas amenazadoras del falo del padre, e incluso el agujero que se ha dejado tras de sí viniendo al mundo». IRIGARAY, Lucy, *Espéculo de la otra mujer*, trad. R. Sánchez Cedillo, Akal Madrid, 2007, p. 208; en un sentido similar, aunque con diferencias, BRAIDOTTI, Rosi, «Identity, Subjectivity and Difference: a Critical Genealogy», en Griffin, Gabriele y Braidotti, Rosi (eds.), *Thinking Differently: a Reader in European Women´s Studies*, Athena, London, 2002, pp. 158-179, pp. 170 y ss. Véase también POSADA KUBISSA, Luisa, «De discursos estéticos, sustituciones categoriales y otras operaciones simbólicas: en torno a la filosofía del feminismo de la diferencia», en Amorós, Celia (ed.), *Feminismo y Filosofía*, Síntesis, Madrid, 2000, pp. 215-254, p. 233.

[74]   ATWOOD, Margaret, *El cuento de la criada*, cit., sección 7, capítulo 21, p. 184.
[75]   WOOLF, Virginia, *Una habitación propia*, trad. L. Puyol, Seix Barral, Barcelona, 2008.
[76]   ATWOOD, Margaret, *El cuento de la criada*, cit., sección 4, capítulo 9, p. 86.
[77]   *Ibid.*, sección 2, capítulo 3, p. 36.

Ese espacio íntimo es fundamental y en él Defred recuerda, por ejemplo, qué distinto era darse cuenta de la ausencia de periodo menstrual, y cómo era llevar a un ser dentro y luego criarlo y amarlo, en contraste con la situación que viven las *Criadas* dando a luz a criaturas que les son arrebatadas y a las que no pueden querer desde el principio. También tiene otro tipo de recuerdos de acercamiento y amor hacia su hija. Los recuerdos con su hija son especialmente emotivos. Defred sabe lo que se siente cuando te despojan de tu bebe, por ejemplo, cuando evoca el intento de robo de su hija en el hospital poco después de haber nacido, o cuando revive su pesadilla más frecuente transcurrida en el momento en el que fueron detenidas y separadas tras el golpe de estado.

Al mismo tiempo la novela plantea lo fácil que es acostumbrarse a la manera de ser y vivir impuestas por el sistema, hasta el punto de que éste consigue borrar en muchas ocasiones la propia subjetividad. Foucault afirmaba que el poder no necesita emplear siempre violencia física para imponer sus reglas, y le basta con una mirada vigilante que los individuos interiorizan de tal modo que acaban controlándose a sí mismos[78]. Atwood se muestra recelosa ante la idea de autodesignación porque el contexto lo es todo[79].

Al hilo de esto, es sencillo entender que el objetivo de las *Tías* que entrenan a las *Criadas* en el centro rojo (una institución educativa de dominación, como afirmaría de nuevo Foucault) sea borrar a modo de palimpsesto todo rastro de subjetividad para reescribir una nueva identidad, insistiendo continuamente en que se acabaran acostumbrando.

> «Lo normal, decía Tía Lydia, es aquello a lo que te acostumbras. Tal vez ahora no os parezca normal, pero al cabo de un tiempo os acostumbraréis. Y se convertirá en algo normal»[80].

Su subjetividad es borrada en última instancia a través de la violencia y el castigo físico: amputar un ojo o cortar unos dedos son la marca inscrita en sus cuerpos y que rescribe jurídicamente la identidad borrando la que había antes. La identidad es reconstruida en base a la nueva cultura impuesta. La marca física se lleva y recuerda a uno mismo y a los demás quién eres en la actualidad frente a lo que uno individualmente pudiera ser en el pasado. Una

---

[78] FOUCAULT, Michel, *Vigilar y castigar, cit.*.
[79] ATWOOD, Margaret, *El cuento de la criada, cit.*, sección 11, capítulo 30, pp. 265 y ss.
[80] *Ibid.*, sección 2, capítulo 6, p. 65.

vez más, como sucedía igualmente en *La letra escarlata* de Nathaniel Hawthorne, la marca hace que apenas se recuerde quien se era. El personaje de Janine es un claro ejemplo de este olvido, y la falta de un ojo le recuerda su condición de criada. El hecho de que su bebe no fuera apto, y que no pudiera cumplir su función le sume en la locura.

Explicada la situación, se entiende por qué la autodesignación está comprometida en un sistema que ha renombrado a las mujeres y en el que ellas mismas ignoran o han olvidado quienes eran. El problema es que es difícil que el sujeto sea capaz de producirse así mismo sin tener en cuenta el contexto, olvidando en este caso la influencia que la misma ideología patriarcal ha tenido sobre las mujeres[81]. La escritora muestra sus dudas frente a la noción liberal de autonomía como autosuficiencia, puesto que el contexto es fundamental. A la vez esto no le empuja a negar la individualidad.

Defred comprende que su actual identidad tiene que ver con una determinada interpretación impuesta de su cuerpo, así expresa:

> «Me sumerjo en mi cuerpo como en una ciénaga en la que sólo yo sé guardar el equilibrio. Mi territorio es un terreno movedizo. Me convierto en el suelo en el que aplico el oído para escuchar los rumores del futuro. Cada punzada, cada murmullo de ligero dolor, ondas de materia desprendida, hinchazones y contracciones del tejido, secreciones de la carne: son signos, son las cosas de las que necesito saber algo. Todos los meses espero la sangre con temor, porque si aparece si aparece representa un fracaso. Otra vez he fracasado en el intento de satisfacer las expectativas de los demás, que han acabado por convertirse en las mías»[82].

Al mismo tiempo es consciente de que es una visión atribuida y atestigua que ejerce de por sí una violencia simbólica sobre ella misma y su cuerpo[83]:

> «Espero, lavada, cepillada, alimentada, igual que un cerdo que se entrega como premio»[84].

La apropiación del cuerpo de la mujer por el sistema no puede hacer perder vista la idea de sujeto y autonomía, por eso Atwood dota a Defred de una rebeldía que consiste en reapropiarse de su cuerpo y sus experiencias y no olvidar quien es, no olvidar que ella fue libre una vez y que había un sujeto

---

[81] MacKinnon, Catharine, *Hacia una Teoría feminista del Estado*, *cit.*, p. 105.

[82] Atwood, Margaret, *El cuento de la criada*, *cit.*, sección 5, capítulo 12, pp. 109-110.

[83] La violencia simbólica puede ser tan fuerte como la física. Bourdieu, Pierre, *La dominación masculina*, trad. J. Jordá, Anagrama, Barcelona, 2000, pp. 49 y ss.

[84] *Ibid.*, p. 109.

de derecho previo. La protagonista advierte que el sistema se ha apoderado de su cuerpo para reducirlo a un medio reproductor, e incluso se da cuenta de que sigue presente la definición del mismo como objeto de deseo tras los falsos encuentros con el *Comandante* que acaban llevándola a prostíbulo de Jezebel o también lo siente frente a las miradas de los *Guardianes*:

> «Sé que estos dos hombres —a quienes aún no se les permite tocar a las mujeres— nos observan. Con la mirada sí nos tocan, en cambio, y yo muevo un poco las caderas y siento el balanceo de la amplia falda. Es como burlarse de alguien desde el otro lado de la valla, o provocar a un perro con un hueso poniéndoselo fuera del alcance (…) Pronto descubro que en realidad no me avergüenzo. Disfruto con el poder: el poder de un hueso, que no hace nada, pero está ahí. Abrigo la esperanza que lo pasen mal mirándonos y tengan que frotarse contra las barreras, subrepticiamente. Y que luego, por la noche, sufran en los camastros del regimiento»[85].

Defred toma conciencia de que su actual identidad es una construcción artificial del sistema en base a una interpretación de su cuerpo, pero ella se niega a olvidar su vida pasada: que fue hija, amante, esposa y madre, se niega a olvidarse de sí misma como un individuo único, se niega a olvidarse del placer del amor y el sexo. Defred se siente capaz de escarbar en lo que el sistema ha intentado borrar para así criticarlo y recuperar su poder, reivindicando el lema feminista «lo personal es político».

A pesar de su miedo y sus dudas constantes, su crítica es posible al unir fuerzas con otras en el movimiento liberador de *Mayday*, formado en secreto, y en última instancia al enfrentarse sola al sistema luchando por dejar constancia de quién es a través de la grabación de sus recuerdos en las cintas grabadas. Defred no ha olvidado, y sigue creyendo en el valor de sí misma y de todo individuo, por eso afirma:

> «Uno más uno más uno más uno no es igual a cuatro. Cada uno sigue siendo único, no hay manera de unirlos. Es imposible intercambiarlos o reemplazarlos»[86].

En suma, en este texto Atwood discute sobre la escritura y rescritura de los cuerpos y las identidades a través de múltiples modos impuestos por el sistema. El cuerpo es leído como un texto en el que se inscriben una variedad de discursos que crean una identidad cerrada y niegan la posibilidad de escribir individualmente al sujeto.

---

[85] *Ibid.*, sección 2, capítulo 4, pp. 49-50.
[86] *Ibid.*, sección 11, capítulo 30, p. 266.

Respecto a ello, en primer lugar, Atwood sugiere que las identidades no pueden ser cerradas y están en perpetua construcción. La idea de construcción y reconstrucción de las identidades suscita un concepto de identidad no esencialista. Como decía Teresa de Lauretis, la identidad se constituye en un proceso histórico de toma de conciencia; un proceso en el que cada uno se va construyendo e interpretando dentro del contexto propio[87]. Aplicando esto al ámbito político-social, Judith Butler afirmaba que:

> «una coalición abierta creará identidades que alternadamente se instauren y se abandonen en función de los objetivos del momento; se trata de un conjunto abierto que permita múltiples coincidencias y discrepancias sin obediencia a un *telos* normativo de definición cerrada»[88].

La identidad es, por definición, algo abierto en perenne construcción que puede ser útil a corto plazo para la lucha y la reinvindicación a nivel político, pero nada más. Como señala Howells, Atwood descarta definiciones esencialistas de mujer o feminismo, sin dejar de hablar de las mujeres y sin de dejar de ser feminista[89].

En segundo lugar, del texto de Atwood se intuye la idea de que la noción clave es la de sujeto, no la de identidad, y que es primordial mantener su agencia y autonomía[90]. La noción de sujeto no puede desaparecer. De esta manera Atwood anticipa que el sujeto tiene capacidad de agencia siendo a la vez una categoría discursiva y abierta a todas las transformaciones[91].

Resultado de ambas afirmaciones, Atwood estaría de acuerdo en afirmar, como lo hace Nancy Fraser o Celia Amoros en el ámbito español, que el sujeto es siempre situado y construido culturalmente[92], y a la vez es capaz de

---

[87] LAURETIS, Teresa de, *Alicia ya no. Feminismo, semiótica y cine*, trad. S. Iglesias Escudero, Cátedra, Madrid, 1992, p. 289.

[88] *Ibid.*, pp. 70, 282 y ss.

[89] HOWELLS, Coral Ann, *Margaret Atwood, cit.*, p. 19, 163.

[90] BENHABIB, Seyla, «Feminism and Postmodernism: An Uneasy Alliance», in BENHABIB, Seyla, CORNELL, Drucilla and FRASER, Nancy, *Feminist Contentions: A Philosophical Exchange*, Routledge, London, 1995, pp. 17-34, p. 21.

[91] «(…) Butler´s approach does not give us all we need. Its internal normative resources (…) are far too meager for feminist purposes. Genealogy requires a more robust ethical basis to achieve its emancipatory effects» (traducción propia de FRASER, Nancy, «Pragmatism, Feminism, and the Lingustic Turn», in Benhabib, Seyla, Cornell, Drucilla and Fraser, Nancy, *Feminist Contentions, cit.*, pp. 157-170. También Fraser, Nancy, *Justice Interruptus, cit.*, pp. 214 y ss.

[92] BUTLER, Judith, *El género en disputa, cit.*, p. 48.

crítica[93], aunque se requiere también de una conciencia femenina presupuesta que es una peculiar forma de existencia previa reflexiva sobre ser-mujer[94]. En esa peculiar forma previa de existencia femenina se construye la crítica, por esta razón son tan importantes las narraciones sobre las experiencias femeninas (en la novela las cintas grabadas por Defred), no porque conformen una identidad sino porque permiten la reconstrucción crítica y reflexiva de los sujetos donde el amor, la esperanza y el perdón son valores fundamentales. Por eso Dedred cuenta la historia de ella misma, y también de otras mujeres individualizadas: de su madre, de su amiga Moira, o de la *Esposa* del *Comandante*[95]. De ahí la versión que Atwood hace de la frase cartesiana en nombre de todas las mujeres que no tienen voz:

«Yo cuento, luego tú existes»[96].

De todos modos, aunque su narración es imprescindible, Atwood advierte que no la priva del peligro al olvido en una sociedad que todavía es patriarcal. Los resultados del estudio del Profesor Pieixoto en el anexo «Notas históricas sobre *El cuento de la criada*» ofrecen un ejemplo de la misvaloración del retrato intimista de una mujer en un sistema en el que el poder, en este caso el académico, lo ejercen todavía los hombres[97]. Este es el principal peligro de las tesis del feminismo de la diferencia: que las autodefiniciones y las reinvindicaciones femeninas queden enterradas en el olvido si no se lucha *política y jurídicamente* por una transformación dinámica y radical del sistema de poder patriarcal.

---

[93]   BENHABIB, Seyla, *Situating the Self. Gender, Community and Postmodernism in Contemporary Ethics*, Polity Press, Cambridge, 1992, pp. 213 y ss.

[94]   AMORÓS, Celia, *La gran diferencia y sus pequeñas consecuencias...para las luchas de las mujeres*, Cátedra, Madrid, 2006, p. 222.

[95]   Sabemos que se llama Serena Joy porque en su vida pasada de niña fue una famosa cantante de Gospel y más tarde una conocida activista conservadora que se ha visto encerrada en sus mismas consignas.

[96]   ATWOOD, Margaret, *El cuento de la criada*, cit., sección 14, capítulo 41, p. 360.

[97]   Los académicos son incapaces de apreciar que Defred está diciendo que el individuo en el sentido liberal es capaz de autoconformarse, de salirse de sus sociedad y criticarla basándose en un sistema de ética y justicia que existe más o menos independientemente de su contemporaneidad (TOLAN, Fiona, *Margaret Atwood: Feminism and Fiction*, cit., pp. 166 y ss.)

III

EL SUJETO FEMENINO EN LA FOTOGRAFÍA

Plantear las relaciones entre Derecho y Fotografía (o entre Derecho y otras Artes sin guion escrito como las plásticas) es más arduo que en el caso de las relaciones entre Derecho y Literatura, lo cual no significa que sea enriquecedor.

Para empezar, desde el punto de vista del Derecho *como* fotografía[1], ambos medios coinciden en aportar un discurso y una visión sobre la realidad. En el caso de la fotografía, la mirada no es objetiva como se hubiera pensado de esta tecnología en sus nacimiento. Esta perspectiva es puramente subjetiva hasta el punto de mostrar imaginarias realidades que se transforman en nuevas. Por eso, reconstruir el sujeto a partir de la fotografía es revolucionarlo, tanto si se documenta periodísticamente la realidad opresora como si se presenta el mundo en un escenario teatral.

De esta visión se hablará brevemente en el primer apartado, sin bien la perspectiva principal seguirá siendo la del Derecho *en* el Arte (*en* la Foto-

---

[1] Para una acercamiento a las relaciones entre Derecho y Fotografía, se puede utilizar la clásica división procedente del movimiento Derecho y Literatura (*Law-and-Literature Movement*). De este modo, se podrían distinguir tres modelos de estudio de las relaciones entre Derecho y Fotografía: el Derecho *en* la Fotografía, el Derecho *como* Fotografía y el Derecho *de* la Fotografía. De todos modos, existen igualmente otras divisiones, como se ha explicado en otra parte de este trabajo.

grafía). A continuación se examinan dos atractivas propuestas. En primer lugar, una serie de 1915 que revoluciona la manera de entender a los sexos y al género. Se trata de *On Mount Rainer* de Imogen Cunnigham. En segundo lugar, se analiza la serie de *Untitled Film Stills* de 1977-80 de Cindy Sherman, una pieza imprescindible para cultivarse en el tema de las identidades.

I. PRIMERAS RECONSTRUCCIONES DEL SUJETO FEMENINO. EL EJEMPLO DE LA FOTOGRAFÍA DE DESNUDOS MASCULINOS DE *ON MONTAIN RAINIER* (1915) DE IMOGEN CUNNINGHAM (1883-1976): UN SUJETO HÍBRIDO

Es ocurrente empezar hablando de las similitudes existentes entre el Derecho y la fotografía al ser ambos medios subjetivos y manipulables. Quizás esto suponga trasformar el punto de vista y hablar del Derecho *como* fotografía, lo cual no presume, como se decía antes, abandonar el punto de vista del Derecho *en* el Arte (en la fotografía).

No existe Derecho neutro puesto que sus premisas siempre se basan en una forma subjetiva e ideológica de ver y organizar la existencia humana. Igualmente, la fotografía puede explicarse a través de la ficción del espejo, palabra de la que pueden derivar otras como especulación o espejismo. Aunque la tradición ha querido ver la fotografía como la evidencia de la realidad, lo cierto es que el fotógrafo puede mostrar alternativas o falsas realidades[2]. A la manera platónica, la luz puede inducir a engaño al confundir el reflejo con la realidad ontológica[3]. El hecho mismo de que el fotógrafo (o el cineasta en su caso) encuadre, enfoque, componga o, finalmente elija una entre varias fotografías tomadas teniendo en cuenta lo que previamente quería captar, a veces incluso por accidente, muestra sin duda amplias dosis de manipulación[4]. Se puede afirmar que «la manipulación es una condición *sine qua non*

---

[2] FONTCUBERTA, Joan, *El beso de Judas. Fotografía y verdad*, Gustavo Gilo, Barcelona, 1997, p. 122. También *Id.*, *La furia de las imágenes: notas sobre postfotografía*, Barcelona, Galaxia Gutenberg, 2016.

[3] Los falsos retratos de Cindy Sherman hacen reflexionar sobre ello. Cindy Sherman se fotografía a sí misma mostrando modelos estereotipados de mujer como crítica a la construcción exclusivamente masculina de lo femenino en el Arte. Cindy Sherman, nacida en Estados Unidos en 1954.

[4] ARHEIM, Rodolf, *El cine como arte*, trad. E. L. Revol y revisión de E. Grau, Paidós, Barcelona, 1990, p. 20.

de la creación fotográfica»[5], como lo es también del propio Derecho aunque se quiera presentar muchas veces como una realidad objetiva.

La fotografía y el Derecho son un arte[6]. Pronto los primeros artistas fotógrafos empezaron a buscar la belleza, y a no representar meramente la verdad[7]. Esta búsqueda de lo bello sucedió manifiestamente en la fotografía comercial, en la que se intentaban complacer los gustos de los clientes burgueses, impregnando la mayoría de daguerrotipos e imágenes de finales del siglo XIX de un claro aliento de poder[8]. Por su parte, el Derecho moderno y la noción de sujeto se impregnaron de las concepciones burguesas y de la pasión en torno a la libertad, la igualdad y la solidaridad, generando un sujeto perfectamente neutral, autosuficiente moralmente, libre e igual; era un sujeto bello.

En el caso de la fotografía, la conexión de ésta con el arte se discutió tendidamente cuando se intentó separar el documentarismo o fotografía documental de la categoría de arte. En el debate se había defendido que la fotografía podía tener una doble naturaleza como arte y como documento histórico, pero la realidad incontestable es que el documento es necesariamente artístico. El documentarismo[9] no es más que un estilo que persigue una estética de la objetividad, si bien necesariamente esconde una opción política o ideológica[10]. Por eso no sorprende que la fotografía se haya utilizado de manera propagandística, como es el caso de las imágenes de las

---

[5]   FONTCUBERTA, Joan, *El beso de Judas, cit.*, p. 126. También BENJAMIN, Walter, *Sobre la fotografía*, trad. J. Muñoz Millanes, Pre-textos, Valencia, 2007.

[6]   MAHOLY Nagy, László, *Pintura, fotografía, cine y otros escritos sobre fotografía*, trad. G. M. Vélez Espinosa Y C. Zelich Martínez, Gustavo Gilli, Barcelona, 2005.

[7]   NEWHALL, Beamont, *Historia de la fotografía*, Gustavo Gili, Barcelona, 2006. También Kracauer, Siegfried, *Teoría del cine. La redención de la realidad física*, trad. J. Hornero, Paidós, Barcelona, 1989, p. 25.

[8]   Ejemplo es el ANÓNIMO, *Eugenio María de Santa Coloma y sus hijos*, 1848; o Anónimo, *Couple*, 1848.

[9]   La primera fotografía documental data del siglo XIX, y tuvo su verdadero auge en el siglo XX. En el ámbito jurídico puede interesar muy especialmente la fotografía como documento de la barbarie (tras el Holocausto), que ha sido ampliamente trabajada por Judith Butler («Torture and the Ethics of Photography», *Enviroment and Planning*, vol. 25, 2007, pp. 951-966) y Susan Sontag («Regarding the Torture of Others», *New York Time Magazine*, May 23, 2004, Nationalpapers, 27, p. 24).

[10]   FONTCUBERTA, Joan, *El beso de Judas, cit.*, pp. 152-153. También *Id.*, *Indiferencias fotográficas y ética de la imagen periodística*, Gustavo Gilli, Barcelona, 2011, pp. 23 y ss.

Misiones Pedagógicas en España[11]. La opción política-jurídica es característicamente visible en el fotoperiodismo y los *mass media*, donde una sucesión de imágenes o unas imágenes acompañadas de texto crean una narración que puede ser muy distinta de lo que realmente sucedió. La narración se acentúa mucho más en el caso del cine y su propiedad técnica particular, que es el montaje. Frente a la estética de la objetividad, es posible afirmar, como defendía también Joan Fontcuberta, que «la fotografía facilita el engaño», y que no significa otra cosa que «escritura de las apariencias[12]. La fotografía se aleja de este modo de esa primitiva idea del documento de evidencias y está más cerca del teatro que de la realidad[13]. El mismo Louis Daguerre se dio cuenta que para captar la realidad viva tenía que hacer uso de actores que simulasen el instante en movimiento y estuvieran inmóviles el tiempo necesario para que la cámara los captase[14]. Ese sentido de la teatralización para mejor captación de la realidad se trasladó luego al cine en su versión realista[15].

No hay objetividad en la fotografía como no puede haberla en la teoría del Derecho. La tarea kelseniana de conformar una teoría pura del Derecho solamente se podía sostener a partir de un ficción que escondiera la dependencia del Derecho de factores ajenos a la propia concepción normativista y que hunden sus raíces en hechos detrás de los cuales hay consideraciones morales y políticas. No hay Derecho neutro.

Además, la objetividad de ambos medios no se trunca solamente porque puedan corresponder a una interpretación subjetiva del mundo, sino porque a la vez se basan en un discurso narrativo previo. Por ejemplo, sobre lo que merece la pena tener en cuenta o qué derecho se tiene hacer o no hacer algo, qué es lo bello o feo o lo justo o lo injusto[16]. Ambos tienen pretensiones de veracidad pero su modo de ver y mostrar el mundo suelen estar amparados

---

[11]   Proyecto de solidaridad patrocinado por el Segundo Gobierno de la República Española, a través del Ministro de Instrucción Pública y las plataformas del Museo Pedagógicas Nacional y la Institución Libre de Enseñanza, convocadas por Manuel Bartolomé Cossío, en 1931 y desmanteladas en la guerra civil.

[12]   FONTCUBERTA, Joan, *El beso de Judas, cit.*, pp. 142, 165.

[13]   BARTHES, Roland, *La cámara lúcida. Notas sobre la fotografía*, trad. J. Sala-Sanahuja, Paidós, Barcelona, 1990, p. 72.

[14]   FONTCUBERTA, Joan, *La cámara de Pandora: la fotografía después de la fotografía*, Gustavo Gilli, Barcelona, 2010, pp. 106-107.

[15]   KRACAUER, Siegfried, *Teoría del cine, cit.*, pp. 89-90.

[16]   SONTAG, Susan, *Sobre la fotografía*, trad. C. Gardini, Edhasa, Barcelona, 1996, p. 13.

por un relato previo que sentencia sus premisas como válidas. Como se ha dicho de la fotografía, ésta nace un contexto con unas creencias que hacen posible su verosimilitud[17] y , por eso, cambia de acuerdo con el contexto en que se ve[18]. Lo mismo le sucede al Derecho puesto que sus conceptos se basan siempre en un contexto que hace posible la verosimilitud de sus conceptos.

Esto no impide que ambos medios también sean capaces de generar o producir realidad porque afectan al mundo. Tanto la fotografía como el Derecho tienen función creadora. Se ha dicho que el *aura* de la fotografía se extiende a un efecto fenomenológico en el espectador[19]. La fotografía puede venir a confirmar una visión de la realidad o puede crear y cambiar la propia realidad: confirmación de lo que fue en el tiempo y generación de lo presente son los dos aspectos que conviven en la fotografía. Efectivamente, la ficción, también la del Derecho, crea realidades y las ficciones del Derecho se convierten en auténtica realidad. Conseguir de-construir esos conceptos es una tarea primordial, especialmente en lo que concierne a la crítica de género del sujeto moderno.

La idea de la fotografía como arte que puede dar lugar a nuevas realidades y que es capaz de manipular el objeto fotografiado para reconstruirlo es inspirador para trabajar sobre esa crítica. Nada mejor que un medio como la fotografía, que cuestiona los conceptos de realidad y verdad, para realizar una crítica al Derecho. Al final, el Derecho está plagado de ficciones potencialmente cuestionables. Se entiende entonces por qué las mujeres utilizaron la fotografía para exponer su crítica a las consideraciones estereotipadas del sujeto y del mundo. Es lo que han hecho las fotografías de desnudos masculinos de la americana Imogen Cunnigham (1883-1976), que aunque no eran feministas todavía, lo cierto es que fueron pioneras en su tiempo y formularon nuevas concepciones acerca de lo masculino y lo femenino. Voy a centrarme, sobre todo, en su serie de diez fotografías titulada *On Mount Rainer* de 1915.

En el verano de 1915, Cunnigham fotografió a su reciente marido, Roi Partridge, desnudo en el paisaje de *Mount Rainer* en Washington. Ambos habían emprendido ese viaje motivados fundamentalmente por el trabajo de

---

[17]   En fotografía véase BREA, José Luís, *Las tres era de la imagen. Imagen-materia, film, e-image*, Akal, Barcelona, 2010, pp. 23-24.
[18]   En relación a la fotografía: SONTAG, Susan, *Sobre la fotografía, cit.*, pp. 91, 116.
[19]   BARTHES, Roland, *La cámara lúcida, cit.*

Partridge, quien deseaba realizar bocetos de aquel paisaje. Finalmente fue el trabajo fotográfico de Cunningham el que sobresalió.

Cunningham formaba parte del grupo de fotografía pictórica y paisajística de finales del siglo xix y principios del siglo xx en Estados Unidos, que ya era revolucionaria en sí al querer realizar obras de arte que transcendieran la mera representación de la realidad. Esta aportación es más revolucionaria si cabe al incluir imágenes de cuestionables desnudos de un hombre (el marido), captados por una mujer (la esposa) que toma la iniciativa de retratar a su esposo.

Cunningham realizó este serie de manera poco nítida para acercarse al estilo pictórico, e hizo posar a Partridge de diferentes maneras imitando poses clásicas o bíblicas. En el arte clásico era habitual que el hombre se representase desnudo y musculoso, elogiando su fuerza y virilidad, como parte activa. Por el contrario, los desnudos de mujer la mostraban como la naturaleza no corrompida, inocente y disponible para los hombres[20]. El desnudo masculino era preponderante entonces porque el representante del sujeto por excelencia era el hombre. La fotografía de Cunningham compromete esta visión distorsionando el lenguaje artístico a su antojo, y lo hace en un momento en que se había dado un giro de interés en el arte al ser la fotografía de desnudos femeninos la más común, como bien se comprueba en la *Camara Work: a Pictorial Guide*[21]. El desnudo era fotografiado desde el punto de vista de la belleza sensual (sexual) y, al ser la mujer el objeto de deseo primordial desde la mirada masculina, proliferaron este tipo de fotografías de mujeres.

Cunnigham se enfrenta a esa mirada y a la tradicional idea de una sociedad *naturalmente* organizada en la que en realidad se ocultan o *invisibilizan* las desigualdades de género, disfrazándolas como pura y simple cuestión de *diferencia* de/entre sexos[22]. Desafía a la teoría de la incomensurabilidad de los sexos que presenta, por un lado, al hombre como ser activo, caballeroso, fuerte y protector, culto y, sobre todo, racional y libre para hacer y decidir su propia vida; y, por otro, una mujer hermosa, delicada, débil, sensible,

[20]   BERGER, John, *Ways of Seeing*, British Broadcasting Corporation, London, 1972, pp. 47, 54 (*Modos de ver*, trad. J. G. Beramendi, Gustavo Gili, Barcelona, 2000)

[21]   STIEGLITZ, Alfred, *Camera Work: A Pictorial Guide*, ed. Marianne Fulton Margolis, Dover Publications, New York, 1978. En la revista de Stieglitz publicada de 1903 a 1917, de unas 500 imágenes hay unas 50 de mujeres desnudas y solo 3 de hombres desnudos, una de un niño y ninguna de desnudo frontal y total.

[22]   MACKINNON, Catharine A., *Hacia una teoría feminista del Estado*, cit., p. 428.

aunque asociada con la naturaleza incompresible y entonces dominada por los sentimientos e incapacitada para controlar su propia vida, resultando así inevitablemente recluida en el habitáculo establecido por los hombres para su protección. Las supuestas características femeninas (la belleza, la delicadeza, la sensibilidad) habían sido idealizadas escondiendo la auténtica dominación del sexo masculino[23]. Solamente hay que leer «El diario de un seductor» de Kierkegaard para darse cuenta de ello. Es así cómo nació el mito de la incomprensibilidad y el misterio que despiertan las mujeres como una forma de sumisión a la racionalidad masculina. El carácter irracional de la mujer debía ser *domesticado*, controlado, apaciguado para poder adaptarse al patrón masculino establecido, así como la naturaleza irracional debía ser controlada por la racionalidad de la cultura humana.

La serie *On Mount Rainer* deconstruye ese mito referente a los sexos, tanto en su consideración física como psíquica, y rompe con la asociación de la cultura al hombre y la naturaleza a la mujer[24].

La serie comienza con la imagen en la que el marido toca desnudo la superficie de un lago con las manos, rememorando el mito de Narciso y sugiriendo la vanidad y la arrogancia del hombre. Se trata de una fotografía que por tema y también por encuadre y fondo paisajístico es clásica aunque retoma cierta pintura francesa decimonónica en la que los cuerpos masculinos aparecen generalmente feminizados[25]. Es curioso como Cunningham plantea el tema acudiendo a la idea del reflejo, que es también el espejo de la cámara fotográfica, que va más allá de la captación de la realidad creando un discurso narrativo sobre la misma, en este caso un discurso de género sobre el sujeto. El ser observado ahora es el hombre, pero éste no se corresponde con el modelo clásico y viril, con ese hombre marcado por su presencia activa en una naturaleza controlada. En contraste, se presenta a un hombre desnudo y frágil en una naturaleza imponente e incomprensible. De esta forma, se asocia la naturaleza también al hombre y a éste con los rasgos tradicionalmente considerados femeninos.

---

[23] LAQUEUR, Thomas, *La construcción de los sexos, cit.*, pp. 335 y ss. Igualmente HERRERA FLORES, Joaquín, *De habitaciones propias…, cit.*, p. 954.

[24] La mujer se relegó al ámbito de la naturaleza mientras el hombre es representante de un supuesto estado más avanzado de la civilización. Véase AMORÓS, Celia, *Hacia una crítica de la razón patriarcal*, Ahthoropos, Barcelona, 1985, p. 35.

[25] HILES, Jennifer E., *On Mount Rainer. Imogen Cunningham and the male nude*, Doctoral dissertation, 2011 (Phd diss., Graduate Faculty of Meadows School of Arts, 2011), p. 12.

Fig. 1. Imogen Cunningham, *On Mount Rainier* 1, 1915. © Imogen Cunningham Trust.

Esto se observa mejor en otras imágenes en las que el marido se encuentra más claramente en una pose femenina e integrado completamente en el paisaje natural. Es el caso de la fotografía número 2 y la número 8 de la serie, ambas cercanas a lo teatral, y que recuerdan que la idea de sujeto masculino y femenino son ficciones o construcciones artificiales.

Fig. 2. Imogen Cunningham, *On Mount Rainier* 2, 1915. © Imogen Cunningham Trust.

Fig. 3. Imogen Cunningham, *On Mount Rainier* 8, 1915. © Imogen Cunningham Trust.

En otras de la serie, el cuerpo del marido emerge vulnerable rodeado de enormes árboles, en un paisaje de frio y hielo. En la fotografía número 3, Partrigde corre cuesta arriba, descalzo sobre la ladera empinada, sorteando los obstáculos que se encuentra.

Fig. 4. Imogen Cunningham, *On Mount Rainier 3*, 1915. © Imogen Cunningham Trust.

En otras fotografías Partridge aparece en una pose feminizada casi como una extensión natural de las ramas de los árboles.

Fig. 5. Imogen Cunningham, *On Mount Rainier 4*, 1915. © Imogen Cunningham Trust

Fig. 6. Imogen Cunningham, *On Mount Rainier 5*, 1915. © Imogen Cunningham Trust.

Todas esas poses son ajenas a lo erótico, que era el trasfondo común
para representar a los desnudos femeninos en aquel momento, y muestran la
naturaleza del cuerpo en general (masculino o femenino) en toda su vulnerabilidad, enmarcado en un paisaje natural sublime. En la fotografía número
6 de la serie, se esconden incluso los genitales masculinos sobre las piernas, o
en la fotografía número 7 se exhiben sin más. No son lo más representativo
en ellas y se plasma un ser más bien andrógino[26].

Fig. 7. Imogen Cunningham, *On Mount Rainier 6*, 1915. © Imogen Cunningham Trust.

[26]   Esta interpretación es la que considero adecuada aunque es un punto controvertido
ya que hay autores que piensan que la mirada de Cunningham está impregnada de deseo por
el cuerpo del marido, véase DAVIDOV, Judith Frier, *Women's Camera Work: Self/Body/Other in
America Visual Culture*, Duke University Press, 1998, pp. 330 y ss.

Fig. 8. Imogen Cunningham, *On Mount Rainier 7*, 1915. © Imogen Cunningham Trust.

En otras palabras, las imágenes de esta serie cuestionan, premonitoriamente al movimiento feminista, los conceptos fundamentales sobre las representación activa y pasiva de los sexos así como los roles de género y la patriarcal asociación de lo femenino a la naturaleza y lo masculino a la cultura. Como se ha dicho antes, el mismo acto de fotografiar a su marido desnudo en la naturaleza es una ruptura, porque la fotógrafa activa es ella y hace del marido el objeto fotografiado a la manera tradicionalmente femenina. Se trastoca así la tradicional mirada en el arte[27].

Cunningham llevaba tiempo trabajando, sin ser plenamente consciente de ello, la crítica de género al sujeto y seguiría haciéndolo más tarde con sus imágenes de flores y plantas, (por ejemplo, *Magnolia Blossom* de 1925) y todavía posteriormente y hasta que muriera a la edad de 93 años.

[27]   En ese mismo sentido, hay que recordar la famosa crítica cinematógrafa de Mulvey, Laura, «Visual Pleasure and Narrative Cinema,» (1975), in Brian Wallis, *Art After Modernism: Rethinking Representation*, The New Museum of Contemporary Art, New York, 1984, pp. 361-373.

Fig. 9. Imogen Cunningham, *Eve Repentant*, 1910. © Imogen Cunningham Trust.

En fotografías anteriores a la serie *On The Mount Rainer* ya había revolucionado la manera de entender a los sexos. Así lo hizo en *Eve Repentant* de 1910, en la que el tema de Adam y Eva se presenta pictóricamente mostrando a ambos personajes de manera contraria a la tradición. Adam aparece de espaldas, cayendo sobre sí mismo, como si su cuerpo colapsara por su peso, quizás símbolo de la flacidez de la impotencia sexual. A Eva se le ve la cara y está en posición y actitud activa, como un ser fuerte que recoge a Adam con firmeza.

Igualmente en *The Supplicant* de 1910 es la figura masculina la que se inclina impersonal a los pies de la figura femenina, que aparece cara al frente en una postura de poder.

Fig. 10. Imogen Cunningham, *The Supplicant*, 1910. © Imogen Cunningham Trust.

En ese mismo año la serie de *The Bather* vuelve a cuestionar los roles de género, esta vez con un giro importante porque el cuerpo desnudo de Partridge se transforma en un espectáculo más atento a la formas y los músculos, pasando a ser ahora sí un objeto realmente pasivo que mirar[28], algo que se acentúa en fotografías posteriores como las de la serie *Roi on the Dipsea Trail* (1918)[29].

---

[28]   CORNELL, Daniel, «Embodying Gender: Narrative Spectacle in the Photography of Alfred Stieglitz, Imogen Cunningham, Minor White, and Robert Mapplethorpe», Doctoral dissertation, 2002. (PhD diss., The Graduate Center, CUNY, 2002, p. 130.

[29]   Esta serie ha sido objeto de otra tesis doctoral: GAILLET, Charlotte Melissa, *Capturing the vulnerable body: Imogen Cunningham´s photograhic series Roi on the Dipsea Trail* (1918), Doctoral dissertation, 2021 (Phd Graduate Faculty of The University of Georgia, 2021).

Fig. 11. Imogen Cunningham, *The Bather* 9, 1915.© Imogen Cunningham Trust.

Fig. 12. Imogen Cunningham, *Roi on the Dipsea* 1918. © Imogen Cunningham Trust.

Concluyentemente, Cunnigham aprovecha las posibilidades de las imágenes fotográficas en lo referente a la captación objetiva de la realidad frente a la captación artística y transformativa de la misma para dar lugar a un discurso crítico sobre la construcción-deconstrucción del sujeto, esbozando pioneramente a su tiempo y al propio movimiento feminista, la idea de un sujeto andrógino, ni masculino ni femenino, que aparece como ser y cuerpo vulnerable que convive en el marco de la tierra naturaleza.

La idea del ser andrógino es especialmente interesante para conseguir la igualdad real entre todos los seres humanos, no excluyente de ningún individuo, y alejada del dudoso esencialismo predicado por algunos feminismos. Si se reflexiona escrupulosamente, las teorías y políticas feministas deberían conducir *como meta final* a la construcción de la diferencia entre todos como seres humanos que eligen libremente los resultados o proyectos de vida digna, sin referencia al sexo. Una vez deconstruido el sujeto y los estereotipos sociales en torno a los sexos, es preciso volver a construirlo para dar lugar a un nuevo sujeto universal basado en las diferencias, pero no entre mujeres y hombres solamente, sino igualmente entre mujeres y mujeres, y hombres y hombres entre sí[30]. Al final lo que nos une a todos es que somos igualmente diferentes (de ahí que se apele a un derecho a la diferencia), y en nuestra diferencia somos seres del mismo modo vulnerables que conviven con otros en este mundo natural cuyo control se nos escapa.

Lo más curioso es que el supuesto escándalo que provocaron las imágenes de desnudos de Cunnigham en el momento de ser publicadas es más bien un mito que la misma Cunningham se encargó de difundir mucho más tarde retomando, entonces sí, el enérgico movimiento feminista de los años setenta que, afirmando que «lo personal es político», revolucionó los conceptos y estereotipos patriarcales.

II. RECONSTRUCCIONES DEL SUJETO FEMENINO DE HOY. EL EJEMPLO DE *UNTITLED FILM STILLS* (1977-1980) DE CINDY SHERMAN (1954-): LA CONSTRUCCIÓN FLUIDA DE LA SUBJETIVIDAD

Se decía más arriba que trabajar sobre el sujeto a través de la fotografía puede ser enriquecedor para el feminismo jurídico al ser un medio que se mueve entre el documento histórico y la categoría de arte y ser, como el propio Derecho es, subjetivo y manipulable[31]. Dicho de otro modo, es un instrumento que puede documentar pero lo hace de manera necesariamente artística al trabajar sobre una visión particular de la realidad que entonces se problematiza[32].

---

[30] AMORÓS, Celia, *La gran diferencia…*, *cit.*, p. 222.
[31] FONTCUBERTA, Joan, *El beso de Judas, cit.*, p. 122.
[32] *Ibid.*, pp. 152-153. También *Id.*, *Indiferencias fotográficas y ética de la imagen periodística*, *cit.*, pp. 23 y ss.

Las imágenes son capaces de generar o producir realidad porque afectan a los espectadores, lo que quiere decir que la ficción crea realidades[33]. Por eso no importa que haya retoque o manipulación, porque la imagen sigue teniendo efecto y creando realidad y verdad. Se ha dicho, incluso, que hoy «las imágenes del mundo están dando paso al mundo de las imágenes»[34], que es un mundo ficticio y en continua construcción, un mundo en el que los observadores se convierten en participantes y cómplices de la ficción de la fotografía.

De este modo, la fotografía es un medio capaz de de-construir el artificioso concepto de sujeto jurídico y proponer nuevas formas de concebirlo en la variedad y multiplicidad en que puede presentarse-representarse. Se entiende, una vez más, por qué las mujeres han hecho uso de fotografía para proponer una visión personalizada y distinta del mundo, en un momento además en que el medio todavía era considerado «de segunda» en el arte y que fue reapropiado para sí por el colectivo femenino,. Así lo hicieron artistas como Sherrie Levine, Laurie Simmons, Sarah Charlesworth o, por supuesto, Cindy Sherman.

La obra de Sherman es un ejemplo de transformación del punto de interés de la fotografía. Lo importante no es ya la consecución de la impresión perfecta o la exposición correcta, lo esencial es el contenido y el discurso que se genera sobre el poder y la representación.

Sherman habla de sí misma como mujer, pero su obra no esta conformada por autorretratos. Esta artista es la modelo de sus imágenes además de ser la estilista, maquilladora, peluquera y encarga del vestuario y el *atrezzo*. No obstante, cuando posa ante la cámara, dialoga sobre múltiples mujeres. La artista crea imágenes falsas que transforman su cuerpo e imagen a la vez que se acercan a la realidad que conocemos al conformar personalidades y estereotipos muy extendidos en la cultura popular. Su objetivo es representar personalidades muy maleables, criticando los cambios de los que el sujeto (en su identidad y su cuerpo) es objeto a través de los *media*, lo que se incrementa en la actualidad en el mundo saturado de las redes sociales y de internet en general. Más ahora que nunca, la identidad se vuelve algo fluido y artificioso, y la artista hace uso de la fotografía para dar cuenta de este hecho, como un medio que requiere necesariamente de elaboración o invención.

En concreto, *Untitled Film Stills* (1977-1980) es una serie de fotografías de vital importancia en la historia de la fotografía y del arte en su conjunto,

---

[33]   BARTHES, Roland, *La cámara lúcida, cit.*
[34]   FONTCUBERTA, Joan, *La cámara de Pandora, cit.*, p.176.

y en la carrera de Sherman en particular, haciendo grandes aportaciones al discurso crítico postmoderno sobre la representación. Encarna una suerte de mitología femenina tomada del cine negro y directores como Alfred Hitchcock, Jean Renoir, Roberto Rossellini o Michelangelo Antonioni, y de iconos de la cultura popular como Marilyn Monroe, Audrey Hepburn, Brigitte Bardot o Sophia Loren. Es una recreación de un mapa ficcional de femineidades estereotipadas fácilmente reconocibles: *Housewife, Fashion Model, Film Starlet, Blonde victim, Working girl, Femme Fatal, Wonder Woman*, entre otras[35].

La manera en que ha sido estereotipada la mujer en la cultura popular es perfectamente reconocible en las imágenes de Sherman, y sin embargo, al mismo tiempo la artista introduce algún elemento perturbador (bien sea el tipo de encuadre, la expresión de la cara o algún elemento extraño en la imagen).

Por ejemplo, en la fotografía de la serie número 2, se retrata lo que parece un ama de casa pero la pose no le corresponde y el encuadre recorta la figura. En la imagen número 6 de la serie, posa como modelo pero la mirada está perdida, casi parece una figura inerte. Lo mismo le sucede a la número 11, que además tiene un efecto diagonal e invertido en la composición que produce una extraña sensación en el espectador.

Fig. 13. Cindy Sherman, *Untiles films Stills 2*, 1977-80.©

---

[35]   MUÑOZ POVEDA, L., «La fragilidad del *self*: ensayos de intervención de los *Untitled fim Stills* de Cindy Sherman», *Illuminaturas*, vol. 21, núm. 53, pp. 532-545, p. 532.

Fig. 14. Cindy Sherman, *Untiles films Stills 6*, 1977-80.©

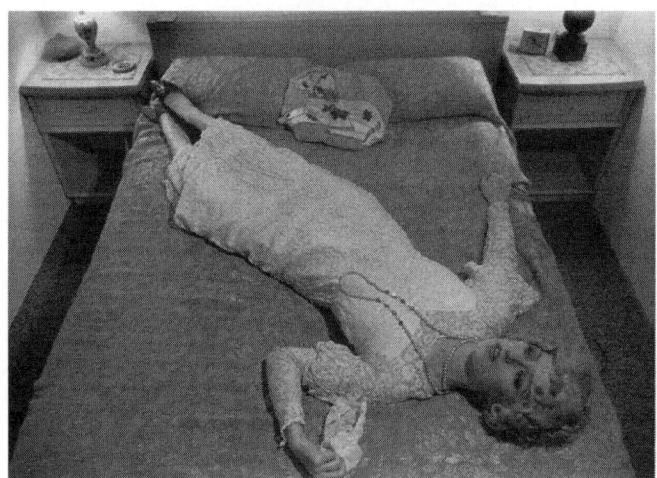

Fig. 15. Cindy Sherman, *Untiles films Stills 11*, 1977-80.©

El hecho de que en las imágenes se opte por una mirada siempre dialogante y dirigida a los márgenes de la fotografía, así como el hecho de retratar personajes con poses activas sugiere que son representaciones de identidades construidas y fluidas, en constante movimiento. Los personajes aparecen en las imágenes siempre realizando una acción y con ello transmite que el sujeto se construye inacabadamente oscilando entre lo real y lo ficticio.

Fig. 16. Cindy Sherman, *Untiles films Stills 13*, 1977-80.©

Fig. 17. Cindy Sherman, *Untiles films Stills 21*, 1977-80.©

Se representan mujeres bellas y atrayentes y al mismo tiempo no son felices ni están sosegadas, lo que causa cierta repulsión. Sherman se disfraza de todos esos personajes dando lugar a una ficción que atrae y repele al mismo tiempo y que deconstruye todos los mitos. La cámara las capta de improviso en su esfera privada y también pública, cuestionando la mirada constructiva del observador principalmente masculino y destacando la artificialidad de esa construcción y su constante transformación. Se ha cuestionado que la obra de Sherman de lugar a empatía alguna, pero lo cierto es que el espectador siente atracción por esos personajes al reconocerlos. Esto no quita que a la vez sienta cierta repulsión. Hay algo oscuro en las imágenes de Sherman y hay identificación pero acompañada de crítica hacía la subjetividades planteadas.

Fig. 18. Cindy Sherman, *Untiles films Stills 24*, 1977-80.©

Fig. 19. Cindy Sherman, *Untiles films Stills 32*, 1977-80.©

De este modo, el sujeto no se define como un ente inmutable a la manera moderna, sino que está en continua construcción. Esto hace posible su reinterpretación, con lo que esa mirada masculina teorizada por Laura Mulvey[36] puede transformarse partiendo incluso de los mitos que ella misma ha generado.

Se encarna, además, a un sujeto plural que abarca una multitud de subjetividades y esto se proyecta también en el cuerpo. Todo ello recuerda a las tesis de Judith Butler sobre la construcción constante y performativa del sujeto, del género y del cuerpo sexo, que cuestiona los binarismos existentes como el de hombre/mujer, generados y preservados por el Derecho. El sexo y el género no son algo que *somos* sino que *actuamos* dentro de un marco legal de enorme rigidez[37]. El Derecho ha impuesto el género pero también ha actuado sobre nuestros cuerpos interpretando el sexo. Para Butler el Derecho no solo es un sistema preservador del patriarcado sino que ha creado las bases que los sustentan. Con todo, la cuestión planteada resulta complicada porque la crítica al sujeto y los estereotipos en torno a las nociones de hombre y mujer no puede hacer desaparecer la idea de sujeto como idea previa emancipadora, esto es, como sujeto de derechos dentro de la concepción político-jurídica y social, como sujeto que anhela elegir sobre su vida dentro de un contexto determinado. Si se cuestiona esta herramienta, como al final lo hace Butler, resultaría muy difícil la lucha por un sujeto igual[38]. Así pues, es razonable pensar, como lo hacen pensadoras como Seyla Benhabib[39] y otros más acertadamente como John Hood Williams y Wendy Cealy Harrison[40], que la posibilidad de tener agencia (*agency*) para poder revertir la realidad discriminatoria del sujeto requiere de una idea (aunque sea básica y mínima) de un sujeto previo que quiere transformar esa injusta realidad[41]. Es complicado

---

[36]   MULVEY, Laura, *Visual and Other Pleasure*, cit.

[37]   BUTLER, Judith, *Gender Trouble: Feminism and the Subversion of Identity*, cit., pp. 25 y ss.(*El género en disputa*, cit., por ejemplo, pp. 48 y ss.). También *Id.*, *Bodies that matters. On the discoursive Limits of Sex*, Routlege, New York, 1993 (*Cuerpos que importan. Sobre los límites materiales y discursivos del «sexo»*, trad. A. Visio, Paidós, Barcelona, 2002).

[38]   Para Butler el sexo y el género no son «performance», idea que si requiere de un actor o *performer* previo, sino que son «performativity» (*Gender Trouble: Feminism and the Subversion of Identity*, cit.)

[39]   BENHABIB, Seyla, *Situating the Self. Gender*, cit., pp. 213 y ss.

[40]   HOOD WILLIAMS, John and CEALY HARRISON, Wendy, «Trouble with Gender», *The Sociological Review*, 46 (1), 1998, pp. 73-94, pp. 75, 88.

[41]   Del mismo modo en España: AMORÓS, Celia, *La gran diferencia…*, cit., pp. 219 y y ss.

imaginar que el sujeto no preceda de alguna manera básica al resultado de esa performatividad subversiva, aunque Butler se esfuerce por imaginar, como lo hace Sherman, una nueva idea de sujeto generado a partir de las sucesivas copias inexactas del discurso de los géneros existentes[42].

La obra de Sherman también nos recuerda al concepto de ciborg introducido por Donna Haraway[43], que vuelve a ser trasgresor frente a las dicotomías clásicas: animal/humano, organismo-máquina, naturaleza-cultura, hombres/mujeres, mente/cuerpo, público/privado, yo/otro, civilizado/primitivo, verdad/ilusión, total/parcial, entre otros[44]. La tecnología ha cuestionado la distinción entre lo humano y lo animal cuyas características son difícilmente separables y ha difuminado la frontera entre lo natural y lo artificial, dando lugar a un concepto de persona híbrida que cuestiona las identidades y quiebra la idea de sujeto y cuerpo único, universal y estático.

El tema del cuerpo se acentúa en posteriores obras de Sherman donde hay alusiones más claras a la violencia y a los cuerpos mutilados y artificiales, que en su momento generaron un esclarecedor discurso feminista sobre la polémica del género y la sexualidad en la cultura contemporánea (por ejemplo, las series *Disasters* de 1986-89, *Civil War* de 1991, *Sex Pictures* de 1992, *Horror and Surrealist Pictures* de 1994-96 o *Masks* de 1995-96).

Fig. 20. Cindy Sherman, From *Disasters*, 1986-89.©

---

[42]   BUTLER, Judith, *Gender Trouble: Feminism and the Subversion of Identity*, *cit*, pp. 147-148.

[43]   HARAWAY, Donna J., S*imians, Cyborgs and Women. The Reinvention of Nature*, Routlege, New York, 1991 (*Ciencia, Cyborgs y mujeres. La reinvención de la naturaleza*, *cit*.).

[44]   *Ibid.*, p. 304.

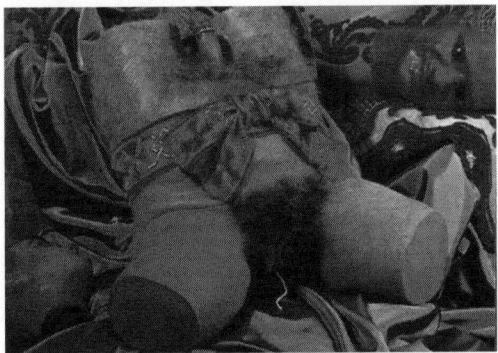

Fig. 21. Cindy Sherman, From *Sex Pictures*, 1992.©

A manera de conclusión, creo que Sherman presenta al cuerpo como una fuente de transgresión de las identidad y de una manera crítica frente a las conceptualizaciones esencialistas y en contra de un marco político, jurídico y social que impone visiones naturalizadas sobre las personas. Sherman es proclive a presentar la identidad como algo performativo, a la manera de Butler, que se genera a partir de la copia de la identidades estereotipadas en cuyo seno se pueden ir superando las nociones clásicas que lo definen. El debate que plantea su obra sobre la identidad y cómo se construye a partir de imposiciones externas es interesante para quebrantar desde dentro la idea de sujeto jurídico universal y único, aunque es razonable pensar solamente en una muerte débil o parcial del sujeto en su sentido moderno.

IV

EL SUJETO FEMENINO EN EL CINE

Tal y como se ha venido defendiendo en este trabajo, las Humanidades cuestionan el monopolio de la inteligencia racional en el Derecho y el desafortunado olvido de la inteligencia emocional, lo que permite una visión del Derecho más completa, alimentada por referentes culturales en principio ajenos al ámbito jurídico, capaces de mostrar aquello de lo que ha carecido el esqueleto teórico jurídico tradicional, especialmente la dimensión afectiva.

Dada la crítica feminista al Derecho, las relaciones entre Derecho y Humanidades son indispensables al apuntar a la idea de jurista interesado por textos y obras artísticas con el fin de abrirse a la crítica de la teoría formalista del Derecho, poco preocupada por los afectos y cuidados[1].

Dentro de los estudios de Derecho y Humanidades se incluyen las relaciones entre Derecho y Cine. El cine, como otras artes, ha sido atacado como posible fuente de enseñanza o crítica moral y jurídica por estar plagado de ejemplos considerados inmorales, jurídicamente autoritarios o machistas[2]. Desde el punto de vista feminista cabría preguntarse por la utilidad del cine

---

[1]   Robin West explica que ya James Boyd White identificó las reminiscencias del *literary lawyer* del siglo XIX en el movimiento de Derecho y Literatura, aunque ya en el siglo XX este *literary lawyer* no busca en la herencia cultural soporte para la autoridad de la ley, sino una fuente de apertura a dicha autoridad. WEST, Robin, *Caring for Justice, cit.*, pp. 190 y ss.

[2]   Así los afirma Richard Posner respecto a la literatura, POSNER, Richard A., *Ley y Literatura, cit.*, pp. 323 y ss.

como herramienta crítica de la estructura patriarcal cuando éste ha sido y
es todavía en muchas ocasiones discursivamente machista. Se ha llegado a
afirmar incluso que el propio medio cinematográfico, en cuanto instrumento
que mira un objeto, se corresponde con una visión propiamente masculina[3].
La razón para ocuparse del cine y de las relaciones entre Derecho y Cine para
la crítica feminista del Derecho es que, aunque el cine más clásico (especialmente el hollywoodiense) ha manifestado ser principalmente masculino a
través de un discurso narrativo naturalizado donde el narrador se esconde
formal y materialmente, lo cierto es que el propio medio cinematográfico
es un instrumento poderoso a la hora de transmitir emociones y generar
empatía, elementos esenciales para la reconstrucción del sujeto relacional
de la concepción feminista del Derecho. Precisamente por esta razón, en
él caben discursos alternativos que incluyan la visión y las reivindicaciones
tradicionales feministas. Para esa crítica no es que interesen solamente las
películas que se refieren al «mundo de las mujeres»; importan aquellas en las
que la experiencia diferenciada lleva a dirigir la mirada hacia todo, dando
cuenta de que el mundo de las mujeres es también todo el mundo, como el
cine de mujeres es cine[4].

Las relaciones entre Derecho y Cine, y en concreto la perspectiva de
Derecho *en* el Cine[5] es el modelo de estudio más extendido en el ámbito
del Derecho[6] y, aunque no es razonable pensar que una institución jurídica

---

[3]   Véase el clásico MULVEY, Laura, *Visual and other pleasure, cit.*, pp. 63 y ss.

[4]   SELVA MASOLIVER, Marta y SOLÀ ARGUIMBAU, Anna, «El cine de mujeres es el cine»,
en *Id., Diez años de la muestra Internacional de Filmes de Mujeres de Barcelona*, Paidós, Barcelona,
2002, p. 24.

[5]   Para una acercamiento a las relaciones entre Derecho y Cine, se puede utilizar la clásica
división procedente del movimiento Derecho y Literatura (*Law-and-Literature Movement*). De
este modo, se podrían distinguir tres modelos de estudio de las relaciones entre Derecho y Cine:
el Derecho *en* el Cine, el Derecho *como* Cine y el Derecho *del* Cine. De todos modos, existen
igualmente otras divisiones, como se ha explicado en otra parte de este trabajo.

[6]   Junto al movimiento de Derecho y Literatura, los estudios jurídicos en España han
mostrado especial atención a las relaciones entre Derecho y Cine, de las que existe ya nume-
rosa bibliografía. Véase en nuestra disciplina de Filosofía del Derecho, por ejemplo: RIVAYA
GARCÍA, Benjamín, *Derecho y Cine en 100 películas*, Tirant lo Blanch, Valencia, 2004. SOTO
NIETO, Francisco y FERNÁNDEZ, Francisco J., *Imágenes y justicia. El Derecho a través del cine*, La
ley-actualidad, Madrid, 2004. PRESNO LINERA, Miguel A., *Una introducción cinematográfica al
Derecho*, Tirant lo Blanch, Valencia, 2006. GONZÁLEZ ROMERO, Emilio, *Otros abogados y otros
juicios en el cine español*, Laertes, Barcelona, 2006. ORTEGA GIMÉNEZ, Alfonso y CREMADES

pueda estar mejor tematizada en una obra literaria o cinematográfica[7], sí es sugerente entender que el medio artístico puede aportar elementos ajenos al acercamiento formal propio del ámbito jurídico y por tanto dar a comprender y revelar aspectos desconocidos de esa realidad. Se trata de entender que una película puede *sugerir* temas de discusión jurídica y sobre todo de analizar también la forma o manera que tiene la imagen para apoyar, complementar, difundir o criticar un determinado mensaje ideológico-jurídico.

En esta sección se han trasladado hacia delante las fechas de análisis de piezas artísticas al ser un medio artístico más moderno. En el apartado de reconstrucción del sujeto femenino de ayer se trabaja la película de *Las chicas* (1968) de la directora sueca Regi Mai Zetterling, quien transforma el sentido de la obra griega clásica de Lisístrata. Posteriormente, se analizan las películas más actuales de *Mi vida sin mí* y *La vida secreta de las palabras* de la catalana Isabel Coixet, en las que el afecto surge claramente como característica principal del sujeto.

GARCÍA, Purificación, *Cine y Derecho en 13 películas*, Club universitario, Alicante, 2008. GÓMEZ GARCÍA, Juan Antonio (ed.), *El derecho a través de los géneros cinematográficos*, Tirant lo Blanch, Valencia, 2008. RIVAYA GARCÍA, Benjamín, «El cine de los derechos humanos», en VVAA, *Estudios homenaje al profesor Gregorio Peces- Barba*, vol. 3, Dykinson, Madrid, 2008, pp. 1059-1082. GARCÍA MANRIQUE, Ricardo y RUIZ SANZ, Mario, *El Derecho en el cine español contemporáneo*, Tirant lo Blanch, Valencia, 2009. RIVAYA GARCÍA, Benjamín, «Derecho y cine», en Rivaya García, Benjamín y Zapatero, Luis (coords.), *Los saberes y el cine*, Tirant lo Blanch, Valencia, 2010, pp. 81-118. *Id.*, «Algunas preguntas sobre Derecho y cine», *Anuario de Filosofía del Derecho*, núm. 26, 2010, pp. 219-230. *Id.*, «Los derechos fundamentales en imágenes. Cine «de» y «contra» los derechos humanos», en Reviriego Picón, Fernando (coord.) *Proyecciones de Derecho constitucional*, Tirant lo Blanch, Valencia, 2012, pp. 145-188. CALVO GONZÁLEZ, José, «Cine y argumentación jurídica: estrategias y técnicas argumentativas y para-argumentos del alegato judicial en la litigación de los hechos», *Teoría y Derecho: revista de pensamiento jurídico*, núm. 16, 2014, pp. 280-307.

[7] En el ámbito de Derecho y literatura se ha defendido que ciertas cuestiones jurídicas son tematizadas mejor en las grandes obras literarias que en los propios trabajos jurídicos y que, por tanto, una obra puede ofrecer un mejor conocimiento de una realidad o institución jurídica. Por ejemplo afirma SANSONE, Arianna, *Diritto e Letteratura, Una introduzione generale*, Giuffrè, Milano, 2001, pp. 77 y ss., o TALAVERA, Pedro, *Derecho y Literatura*, Comares, Granada, 2006, p. 5 y 10. Con menos dureza se afirma que la literatura está inundada de temas jurídicos: MARÍ, Enrique E., «Derecho y Literatura: algo de lo que sí se puede hablar pero en voz baja», *Doxa. Cuadernos de Filosofía del Derecho*, núm. 21, 1998, pp. 251-287, p. 259, p. 259.

I.   **PRIMERAS RECONSTRUCCIONES FEMINISTAS DEL SUJETO. EL EJEMPLO DE *LAS CHICAS* (1968) DE REGI MAI ZETTERLING (1925 - 1994): LA COMEDIA TEATRAL GRIEGA SE TRANSFORMA EN TRAGEDIA CINEMATOGRÁFICA FEMINISTA**

> «Feminismo no es repartirse el pastel entre ambos sexos. Es hacer uno nuevo.»
>
> «Una persona feminista es cualquiera que reconozca la igualdad y la plena humanidad en mujeres y hombres.»
>
> Gloria Steinem

Las chicas (en sueco «Flickorna») es una película sueca dirigida por Regi Mai Zetterling, en la que figuran las grandes actrices de Suecia de ese momento. El argumento principal gira en torno a la vida de tres actrices que salen de gira en una producción teatral de «Lisístrata», la obra cómica clásica de Aristófanes sobre las mujeres y la guerra. Todas han tenido que enfrentarse a diversos problemas para abandonar sus casas y poder ir de gira. Marianne ha dejado a su novio casado con quien tiene un hijo y encuentra muy difícil dejar a su pequeño en manos de cuidadoras. El marido de Liz tiene una aventura y está deseando que ella se marche para estar con su amante. Gunilla tiene cuatro hijos y su marido desea que se quede para ocuparse de los niños. A lo largo de la película las chicas van reconociendo los paralelismos entre los problemas en sus vidas privadas y la propia obra y comienzan a darse cuenta de que la pieza no es tanto una comedia como una tragedia que trabaja los roles y la discriminación de género[8].

---

[8]   Tráiler en inglés: https://www.youtube.com/watch?v=vYjhQ37ffV4 (última consulta 24 de enero de 2023).

El hecho de que la directora utilice la obra de teatro griega como trasfondo es enormemente seductora. Lisístrata es una comedia teatral escrita
alrededor de año 411 a. C. y ambientada en plena guerra del Peloponeso
en la que, después de veinte años de conflicto, una mujer llamada Lisístrata
reúne a todas las mujeres para tomar una medida desesperada que acabe con
la contienda, devuelva la paz entre Grecia y Esparta y haga que los maridos
de ambos bandos retornen con ellas. La propuesta es sencilla: la abstinencia
sexual de todas mujeres hasta que no cese la guerra.

El juramento que hacen las mujeres en la pieza es el siguiente:

«Ningún hombre, ni amante, ni marido»

«se acercará a mí descapullado».

«En casa pasaré el tiempo sin mi
toro»

«con mi vestido azafranado y
muy bien arreglada»

«para que mi marido se ponga al
rojo vivo»

«y nunca le seguiré la corriente a
mi marido de buena gana».

«Pero si me obliga por la fuerza
contra mi voluntad»

«me dejaré de mala gana y no le
seguiré en sus meneos».

«No levantaré hacia el techo mis
zapatillas persas».

«No me pondré a cuatro patas
como una leona encima del rallador de
queso».

«Si mantengo firmemente estas
cosas, que beba yo de aquí».

«Pero si las violo, que se llene de
agua la copa»[9].

9   ARISTOPHANES, *Aristophanes Comoediae*, ed. F.W. Hall and W.M. Geldart, vol. 2, F.W.
Hall and W.M. Geldart, Clarendon Press, Oxford, 1907. Traducción al español realizada tras
el trabajo de LÓPEZ FÉREZ, José Antonio, «Una lectura de Lisístrata de Aristófanes», *Synthesis*,
vol. 13, 2006, pp. 39-41.

La idea diseñada por Lisístrata, cómicamente presentada, conlleva no obstante una medida provocadora al invadir el ámbito público y ejercer presión desde lo privado hacia esta esfera, sobrepasando los patriarcales vínculos público/privado, personal/político y mostrando que «lo personal es político»[10].

¿Quiere esto decir que la obra o su autor son feministas o proto-feminista? El respuesta es negativa en ambos casos. Se ha discutido ampliamente sobre la interpretación de esta pieza teatral y la conclusión generalizada es que en realidad ridiculiza a las mujeres, utiliza frecuentemente apelativos negativos frente a ellas y parodia su capacidad de ejercitar el poder. La obra en su momento se presentó como una utopía cómica, el mundo al revés[11], pues era absurdo que una mujer pudiera y fuera capaz de intervenir en las decisiones públicas cuando su labor era el cuidado del hogar y los hijos. Por eso al final el desafío femenino es únicamente puntual, no estructural, y en el desenlace todo vuelve a su estado «natural» (que no era sino la concepción patriarcal de la sociedad griega de ese momento).

A pesar de que esto es así, es atractiva la manera en la que se presenta la conciencia de género y un personaje que sí es típicamente feminista[12], por mucho que luego se abandone esta idea. No es baladí que en la obra las mujeres sean conscientes de que son víctimas de las decisiones incorrectas de los hombres por estructuración de género, porque no pueden hablar y decidir. Esta es la razón por la que la obra ha sido releída desde el pensamiento feminista contemporáneo[13].

[10]   IBARRA SOTO, Diana, «Entre las risas de Lisístrata y las lágrimas de Antígona, expectativas de lo que debe ser una mujer protagonista, en Hernández Martínez, Eva, Panarese, Paola, Martínez Pérez, Natalia (eds.), *Cartografía de los micromachismos: dinámicas y violencia simbólica*, Dykinson, Madrid, 2020, pp. 845-863, pp. 853 y ss.

[11]   LÓPEZ PÉREZ, Juan Antonio, «Una lectura de Lisístrata de Aristófanes», *Synthesis*, núm. 13, 2006, pp. 11-48, p. 7. Para ahondar más en la idea véase IGLESIAS ZOIDO, Juan Carlos, «Los múltiples rostros de Lisístratra. Tradición e influencia de la Lisístrata de Aristófanes», *CFC. Estudios griegos e indoeuropeos*, núm. 20, 2010, pp. 95-114, p. 97 (principalmente el tema de la bibliografía).

[12]   Aristófanes al componer la comedia crea un personaje feminista, aunque ni él ni la obra lo fueran. Véase GARCÍA NOVO, Elsa, «Mujeres al poder. Una lectura de Lisístrata», *Cuadernos de Filología Clásica (Estudios griegos e indoeuropeos)*, núm. 1, 1991, pp. 43-55.

[13]   La obra ha tenido múltiples interpretaciones a lo largo de la historia y ha sido utilizada como símbolo de varios movimientos: feministas, pacifistas, entre otros. Véase IGLESIAS ZOIDO, Juan Carlos, «Los múltiples rostros de Lisístratra. cit., pp. 97 y ss.

Ese potencial feminista es lo que utiliza Zetterling para transformar el sentido de la pieza teatral en su película cinematográfica rodada en pleno auge feminista de los años sesenta[14]. No es la mejor película de Zetterling y quizás resulta en ocasiones panfletaria y escasa de ritmo. Sin embargo, es interesante analizar este film por la manera en que aborda el tema de género. Así, lo que era jocoso en la época griega se convierte en una tragedia que refleja la marginación de las mujeres en la sociedad patriarcal y sobre todo sugiere la falta de conciencia y diálogo social sobre el problema de la discriminación de género.

En concreto se trabajan varios asuntos de interés:

— la importancia del trabajo de «ama de casa», de los cuidados;
— el deseo de decidir sobre el propio rol social;
— el tema de la conciliación;
— la lucha político-jurídica como colectivo femenino;
— la heterodesignación femenina por las hombres y los problemas para la autodesignación por las propias mujeres;
— la maternidad;
— la falta de diálogo social para conseguir la igualdad;
— y finalmente el enfrentamiento entre los distintos tipos de feminismo y la necesidad de unirse para conseguir el objetivo perseguido por todos ellos: la auténtica igualdad social.

La película va entremezclando en imágenes los ensayos y funciones de la obra con la vida real de sus tres protagonistas. En la primera secuencia lo que parece una charla entre amigos, resulta ser un ensayo del texto teatral. Liz (la actriz que interpreta Lisístrata) manifiesta estar enfadada con las mujeres por llegar tarde, mientras Gunilla (Calonica en el teatro) justifica que es normal, que las mujeres salen poco porque tienen que atender a los niños y a los hombres que llegan cansados del trabajo.

---

[14]   Hay varias versiones cinematográficas de Lisístrata, en España por ejemplo está *Escuela de seductoras* de León Klimowski (1962) y *Lisístrata* de Frances Bellmunt (2002), esta última que constituye un ejemplo de circulación masiva y temprana de la versión *queer* de comic que realizó Ralph König en el que Lisístrata es símbolo de la liberación sexual. Véase NAZARENO SAXE, Facundo, «El canon queer. Lysistrata de Ralf König. De Aristófanes a la adaptación cinematográfica», *Espéculo. Revista de Estudios literarios*, núm.43, 2009-2010. https://webs.ucm.es/info/especulo/numero43/caqueer.html. También IGLESIAS ZOIDO, Juan Carlos, «Los múltiples rostros de Lisístrata. *cit.*

Se está releyendo en realidad la primera parte del texto teatral que dice así:

LISÍSTRATA. Calonica, estoy en ascuas y muy
afligida por nosotras las mujeres, porque
entre los hombres tenemos fama de ser
malísimas...

CALONICA. Es que lo somos, por Zeus.

LISÍSTRATA.... y cuando se les ha dicho que se
reúnan aquí para deliberar sobre un asunto
nada trivial se quedan dormidas y no
vienen.

CALONICA. Ya vendrán, querida. Difícil resulta
para las mujeres salir de casa: una anduvo
ocupada con el marido; otra tenía que
despertar al criado; otra tenía que acostar al
niño; otra lavarlo; otra darle de comer.

LISÍSTRATA. Pero es que había para ellas otras
cosas más importantes que ésas.

CALONICA. ¿De qué se trata, querida Lisístrata,
el asunto por el que nos convocas a
nosotras las mujeres? ¿En qué consiste, de
qué tamaño es?

LISÍSTRATA. Grande.

CALONICA. ¿Es también grueso?

LISÍSTRATA. Sí, por Zeus, muy grueso.

CALONICA. Entonces, ¿cómo es que no hemos
venido?.

LISÍSTRATA. No es eso que piensas: si no, ya nos
habríamos reunido rápidamente. Se trata de
un asunto que yo he estudiado y al que he
dado vueltas y más vueltas en muchas
noches en blanco.

CALONICA. Seguro que es delicado eso a lo que
has dado vueltas y vueltas.

LISÍSTRATA. Sí, tan delicado que la salvación de
Grecia entera estriba en las mujeres.

CALONICA. ¿En las mujeres? Pues sí que tiene
pocas agarraderas[15].

---

[15] ARISTOPHANES, *Aristophanes Comoediae*, traducción al español en López Férez, José
Antonio, *cit.*, pp. 26-27.

El texto es claramente despectivo y ridiculizante con las mujeres, pero resulta interesante al sugerir la división del espacio social y el lugar y rol de la mujer en las sociedades patriarcales. Mientras las mujeres están en la esfera privada de su casa y su labor principal es el cuidado de otros, los hombres están en la esfera pública y realizan tareas consideradas prioritarias. Las mujeres no se pueden inmiscuir en los asuntos públicos porque no están capacitadas para ello y sería ir *contra-natura*.

Ante esta situación Zetterling intercala dos reivindicaciones fundamentales en boca de Marianne, la tercera de las actrices, quien reflexiona pensativa que el trabajo de ama de casa es importante y también que hay otras cosas esenciales (min. 4: 45).

Por una parte, la directora reivindica que la función de cuidado ha de ser más valorada social, política y jurídicamente, promoviendo de este modo una ética del cuidado[16]. Por otra, que la mujer desea decidir sobre su vida y poder hacer otras tareas fuera del hogar y lejos de las tradicionalmente asignadas a su sexo, igual que los hombres tienen la libertad de hacerlo[17]. El colectivo femenino ha estado enclaustrado en la esfera privada siendo éste un espacio tradicionalmente basado en la desigualdad y en el que subyace la dominación masculina, en contraposición con la esfera pública regida por la libertad y las relaciones entre iguales.

En la siguiente escena, junto a la carga de los cuidados y los deseos de hacer algo distinto en el ámbito público, se plantea el asunto de la conciliación. El director increpa a Marianne por llegar tarde al ensayo y por haber traído al bebe, que tiene con su amante casado (min. 6:26 y ss.). Uno de los problemas adheridos a la incorporación de la mujer a la esfera pública (el primer hito feminista) es la conciliación. Este problema surge cuando la mujer deja de realizar sus labores en la vida privada para *sumarse* a la esfera social del trabajo sin que sus parejas asuman de igual modo las tareas del

---

[16] Los feminismo cultural y de la diferencia se centraron en la autodesignación de lo que fuera ser mujer, lo cual suponía reivindicar los valores de la ética del cuidado frente a los valores de la ética de la justicia. Como se sabe, la primera teórica, aunque criticada y criticable por enfrentar drásticamente ambas éticas, fue GILLIGAN, Carol, *In a Differente Voice. Psychological Theory and Women's Development*, Harvard University Press, Cambridge Massachusetts/ London, England, 1982 (*La ética del cuidado: una voz diferente*, trad. N. Durán Palacio, Cuadernos de la Fundació Víctor Grifols i Lucas, Barcelona 2013).

[17] VALCÁRCEL, Amelia, *La política de las mujeres*, cit., p. 76; MOLINA PETIT, Cristina, *Dialéctica femenina. El Ilustración*, Anthropos, Barcelona, 1994, pp. 47 y ss.

hogar o impidiendo a la familia en la que ambos trabajan poder encargarse de los asuntos privados. La consecuencia es que solo una tercera persona ajena puede ocuparse de los cuidados. Ésta es la primera disuasión para las mujeres y la fuente principal de su culpabilidad. En este sentido, las mujeres no pueden asumir una doble jornada laboral en lo público y en lo privado (ni los hombres deben hacerlo). La sociedad está obligada a colocar en lugar prioritario de su agencia política el tema de las cuidados si es que tanto hombre como mujer ejercen funciones públicas. Al final, lo político es todo[18] y ha de crearse un nuevo espacio social que no separe artificialmente ambas esferas[19].

Para conseguir hacer reales tales reivindicaciones, la directora apela a la necesidad de luchar por los derechos como colectivo, como *mujeres*, y ello a pesar de las diferencias entre ellas. Hay que recordar que en la obra de Lisístrata su protagonista reúne a mujeres tanto a griegas como a espartanas afirmando que unidas podrán conseguir muchas cosas (min. 4:57). En el texto teatral se expone así:

> LISÍSTRATA. De Atenas no voy a pronunciar
> nada de ese estilo: adivina tú mis
> pensamientos. Pero si se reúnen aquí las
> mujeres, las de los beocios, las de los
>
> peloponesios y nosotras, salvaremos todas
> juntas a Grecia.
> CALONICA Y, ¿qué plan sensato o inteligente
> podrían realizar las mujeres si lo nuestro es
> permanecer sentadas, bien pintaditas,
> luciendo la túnica azafranada y adornadas
> con el vestido recto y con las zapatillas de
> moda?
> LISÍSTRATA. Pues eso mismo es lo que espero
> que nos salve: las tuniquillas azafranadas,
> los perfumes, las zapatillas, el colorete y las
> enaguas transparentes[20].

Más tarde se afirma:

---

[18]   FRACER, Nancy, *Justice Interruptus. Critical Reflexions on the «Postsocialist» Condition*, Routledge, London, 1997, pp. 69 y ss.

[19]   VALCÁRCEL, Amelia, *La política de las mujeres*, Cátedra, Madrid, 1997, p.176.

[20]   ARISTOPHANES, *Aristophanes Comoediae*, traducción al español en López Férez, José Antonio, *cit.*, pp. 27-28.

LA CORIFEO. ¿Por qué os damos tanto miedo?
¿Es que os parecemos muchas? Pues aún no
estáis viendo ni a la milésima parte de
nosotras[21]

De esta forma se esboza una cuestión esencial que promueve la solidaridad entre las mujeres, y que concierne igualmente a la identidad femenina. Las mujeres son de hecho muy diferentes entre sí: pueden ser de distinta raza, condición social, identidad de género, etc., pero todas tienen en común la discriminación histórica sufrida. El hecho de unirse como colectivo identitario es necesario al menos a corto-medio plazo para reivindicar sus derechos a nivel político y jurídico. Esto no puede significar olvidarse de las diferencias que existen entre las mujeres. Las mujeres no pueden ser tratadas como una mera masa de iguales, aunque a nivel político y jurídico aparezcan como colectivo[22]. Se debe evitar precisamente en todos los sentidos posibles el modo uniforme en que han sido tradicionalmente tratadas en la sociedad. No hay incoherencia en aceptar la necesidad de unirse bajo una conciencia política común para luchar por unos derechos a corto-medio plazo y al mismo tiempo reivindicar el derecho a la diferencia de todas[23]. En relación a ello, como se ha afirmado en otra parte de este trabajo, la noción clave es la de sujeto que decide sobre su proyecto vital y no es la de identidad esencialista.

Aclarado esto, el primer problema que encuentra el colectivo femenino son las reticencias varoniles. En la siguiente escena de la película aparecen los actores masculinos comentando una entrevista realizada a las actrices en la televisión y afirmando que las mujeres nunca hablan en serio, que la obra es una simple comedia y que es risible la falta de juicio de las mujeres (min. 8: 25). Quizás lo que quiere mostrar Zetterling es que, usando la expresión de Ronald Dworkin, hay que tomarse en serio a las mujeres. La idea de que las mujeres no son *capaces* para decidir cuestiones fundamentales es una trampa y la lucha debe ser para empoderar a las mujeres y romper con ese techo de cristal.

---

[21]   *Ibid.*, p. 47.

[22]   *Ibid.*, p. 67. También de *Id., Sexo y Filosofía: sobre «mujer» y «poder»*, Anthropos, Barcelona, 1991, p. 114.

[23]   FRASER, Nancy y NICHOLSON, Linda, «Social Criticism without Philosophy: an Encounter between Feminism and Postmodernism», in Nicholson, Linda (ed.), *Feminism/Postmodernism*, Routledge, London, 1990, pp. 19-38. También FRASER, Nancy, *Justicie Interruptus, cit.*, pp. 214 y ss.)

Se intercala a continuación la obra teatral en la que se anuncia que la abstinencia sexual es la única solución para acabar con la guerra y la mala administración de los hombres. Las voces teatrales se superponen entonces a la vida de Liz que sabe que su marido aprovecha para ver a su amante cuando ella está de gira (min. 11: 37). Se superponen a la vida de Marianne que de repente se siente culpable mientras va de compras y corre a casa imaginando que su pequeño no deja de llorar mientras está con su cuidadora (min. 12:48). Igualmente se superponen a la vida de Gunilla que imagina al marido leyendo tranquilamente mientras los niños se comportan como salvajes a su alrededor (min. 14:12). Todas han tenido que esforzarse para poder ir de gira frente a los deseos de sus parejas y se han enfrentado a lo que se espera socialmente de ellas. El feminismo ha luchado precisamente por romper con expectativas sociales que pesan sobre las mujeres y por el hecho de que ellas puedan decidir libremente sobre su propia vida.

En la siguiente escena cinematográfica, Liz quiere conocer gente nueva en la primera ciudad que visitan en la gira al norte de Suecia. Hay un servicio que pone en contacto a extranjeros con familias. El director de la agencia insiste a la secretaria en que es imposible organizarlo en ese momento porque es muy tarde y las mujeres tienen que hacerse cargo de los niños y de la cena. Ahora bien, cuando se acerca y se percata de que es una actriz famosa y guapa, él mismo la invita a su casa. Durante la velada lo que se observa es la incomprensión absoluta, tanto por parte del hombre como por parte de la esposa de éste. Mientras la actriz habla, él no deja de preguntarse por su físico y su belleza lo que nos recuerda que el cuerpo ha sido la cárcel en la que han vivido las mujeres. Tradicionalmente, la mujer no ha sido considerada un sujeto sino un mero objeto de deseo que debe contemplarse. La respuestas que han dado algunos feminismos ante este hecho es apropiarse del cuerpo femenino para utilizarlo como herramienta de autodesignación de ellas mismas. Si los hombres habían sido los que había definido las mujeres desde su punto de vista, ahora debían ser las mujeres las que recuperasen su cuerpo para autodesignarse desde su propio punto de vista. La idea es realmente atractiva para valorar las experiencias femeninas más intimas que solo las mujeres pueden vivir, aunque al mismo tiempo existe el peligro de generar una identidad esencialista sobre lo que sea ser mujer alejándose de la realidad tan diversa que existe entre las mujeres. Las mujeres pueden tener reacciones muy diferentes ante las mismas experiencias y ser así muy distintas entre sí. La diferencia es seguramente lo que en realidad tenemos en común todos los individuos, puesto que todos somos *igualmente* diferentes y lo que hay que respetar es precisamente esa diferencia[24].

En cualquier caso, el tema de la autodesignación femenina encuentra obstáculos en una sociedad fuertemente patriarcal. Zetterling también quiere mostrar esta limitación ya que es difícil para las mujeres autodesignarse libremente en un contexto que las ha educado de otra manera. Así, volviendo a la escena del matrimonio que ha invitado a la actriz a su casa, sucede que, a los pensamientos del hombre sobre la mujer como objeto de deseo, se suman los pensamientos de la esposa que no entiende nada de lo que está diciendo la actriz cuando cuestiona la labor social de las mujeres (min. 19: 24). Igualmente, cuando Liz los invita a un ensayo de la obra, la mujer no es consciente del mensaje y solamente empieza a preguntarse por el físico de la actriz (min. 22: 45). Por tanto, a las reticencias de los hombres se suman las de muchas mujeres que están alineadas en sus vidas y son incapaces de luchar por la emancipación. Esto no quiere decir que se deba culpar a las mujeres de ello, ya que la sociedad, la cultura, la educación tienen un efecto determinante en nuestras decisiones. Las mujeres no son libres de decidir en un contexto en el que se le niega autonomía y derechos. Este es el primer requisito para hablar de la autonomía en un sentido relacional. Y es que para ser individuos realmente autónomos antes de la comunicación con otros está la *relación* con los otros, y por tanto primero es el amor y la devoción hacia uno mismo y por el otro. Como afirma Axel Honneth la autoconfianza, el autorrespeto y la autoestima de los individuos se adquieren gracias a un proceso intersubjetivo en el que el sujeto toma conciencia de sí mismo y de los demás como seres iguales y dignos[25]. Resuenan aquí las ideas de Hegel en el que el desarrollo de la identidad personal de un sujeto está ligada al presupuesto de actos de reconocimiento por parte de otros sujetos. Si uno no reconoce al otro en la interacción como un determinado tipo de persona, tampoco puede verse a sí mismo como ese tipo de persona[26].

---

[24]   Esta es seguramente la principal crítica que se puede hacer a los feminismos post-estructuralistas de filósofas como Lucy Irigaray. IRIGARAY, Lucy, *Espéculo de la otra mujer*, cit.

[25]   Véase de nuevo el diálogo entre Jürgen Habermas y Axel Honneth (teoría del discurso *versus* teoría del reconocimiento). Honneth se centra en la noción de reconocimiento recíproco, porque va más allá del hecho de que uno se ponga en el lugar de un segundo interlocutor, y plantea que antes de ponerse en el lugar del otro, antes del «conocimiento» del (y comunicación con) otro, se requiere previamente un «reconocimiento» basado en el amor. HONNETH, Axel, *Reification*, cit.

[26]   *Id.*, *La lucha por el reconocimiento*, cit., pp. 50 y ss.

La obra teatral continua cuando las mujeres prometen, mostrando muchas dudas, seducir a los hombres y no darles nada más hasta que la guerra termine. Marianne entonces se imagina que rechaza al amante pero finalmente cede sin remedio (min. 24:23). Gunilla en cambio piensa que sería una tarea fácil para ella porque no es feliz a pesar de que posee todo lo que siempre ha querido. De hecho sigue una escena en la que es perseguida por multitud de niños y corre desesperada para evitarlos (min. 31: 12). Zetterling quiere mostrar de nuevo lo difícil que es deshacerse del estereotipo social y renunciar a lo que se espera socialmente de uno (en ese caso el que las mujeres tengan que ser madres). Al respecto se recuerdan preguntas formuladas por los diversos feminismos: ¿es el matrimonio (heterosexual) lo que desea toda mujer? ¿Es la maternidad el fin que desea toda mujer? Igualmente, ¿aunque se quiera ser madre significa esto que la maternidad es un camino de rosas?

A lo largo de la gira las chicas se encuentran con la indiferencia de los miembros de la audiencia que bien no comprenden el significado de la obra o bien se aburren al verla y se quedan dormidos. Al finalizar una de las funciones, Liz exhorta al público para que permanezca en su sitio y discutan sobre el significado de lo que han visto, pero cuando intenta hablarles nadie reacciona. Liz afirma: «¿Es posible cambiar el mundo, concienciar? Podemos hacer cosas, aunque pensemos que no…¡No sigan de piedra! ¡Tenemos que hablar!» (min. 35:22 y ss.). Entonces, uno de los actores masculinos de la compañía actúa como si fuera una continuación de la escena inquiriendo «¿Y esto qué es? ¿Otra revuelta de mujeres?» (min. 39: 10), lo que logra las risas del público.

En la escena siguiente, el comentario masculino antes de la rueda de prensa alude despectivamente a la naturaleza de las mujeres que están siempre insatisfechas (min. 41: 16). En ese momento el periodista le pregunta a Liz si cree en los métodos de Lisístrata, a lo que ella contesta que la obra es una forma de cambiar las cosas un poco, que ella no es política pero sí pide al público que no solo venga al teatro a pasar un buena rato (min. 43:18). No parece tener mucho éxito en lo que plantea y nadie se toma en serio las reivindicaciones femeninas.

Se vuelve a intercalar la obra teatral cuando los hombres se quejan de la humillación que supone que las mujeres hayan ganado en sus propósitos (min. 47:28). Entonces Zetterling intercala una escena en la que los protagonistas masculinos aparecen mofándose de las mujeres por haberse tomado la pieza teatral en serio. La obra es el mundo al revés y al final todo debe volver a su estado natural. De ahí que posteriormente se rían y celebren la muerte de Liz y hagan un discurso sobre la reconstitución de la posición natural de los hombres en el poder y el acallamiento de las voces de las mujeres: «Tras la celebración de hoy, volvemos a ser hombres libres…hemos puesto a los hombres en su sitio. Se volvieron a rebelar, pero acallamos su voz…Ahora podemos matar, abusar….» (min. 47: 56).

La película continúa cuando las chicas van a cenar a un restaurante y hablan del problema de que nadie entienda la obra ni las escuche. Durante la cena son invitadas por un grupo de hombres para tomar algo pero ante su negativa uno de ellos se torna violento y solo se marcha tras la amenaza de Marianne (min. 55:10).

En la misma línea un amigo del marido de Liz discute con ella en nombre del propio esposo defendiendo que él necesita a una mujer que lo apoye. Liz, por su parte, le contesta que está cansada de poner a su marido en primer lugar. El amigo insiste en que el trabajo del hombre es más importante que el de ella.

Tras este diálogo sigue la obra teatral en la que aparece la impotencia de las mujeres para decidir sobre asuntos públicos que también les conciernen (min. 58: 14). El teatro dice así:

> LISÍSTRATA. Eso voy a hacer. Nosotras, en las primeras fases de la guerra y durante un tiempo, aguantamos, por lo prudentes que somos, cualquier cosa que hicierais vosotros los hombres —la verdad es que no nos dejabais ni rechistar—, y eso que agradarnos, no nos agradabais. Pero nosotras estábamos bien informadas de lo vuestro, y, por ejemplo, muchas veces, estando en casa, nos enterábamos de una mala resolución vuestra sobre un asunto importante. Y después, sufriendo por dentro, os preguntábamos con una sonrisa: «¿Qué cláusula habéis decidido, hoy, en la Asamblea, añadir en la estela en relación con la tregua?» «¿Y eso a ti, qué? —decía el marido de turno— ¿No te callarás?», y yo me callaba.
>
> (…)
>
> LISÍSTRATA. Yo, cierto que me callaba. Pero cada vez nos enterábamos de una decisión vuestra peor que la anterior. Y, luego,

preguntábamos: «Marido, ¿cómo es que
actuáis de una manera tan disparatada?». Y
él, echándome una mirada atravesada, me
decía en seguida que si yo no me ponía a
hilar, mi cabeza iba a gemir a gritos. «De la
guerra se ocuparán los hombres»

COMISARIO. Bien dicho lo de aquél, por Zeus.

LISÍSTRATA. ¿Cómo que bien, estúpido, si ni
siquiera cuando vuestras decisiones eran
malas nos estaba permitido sugeriros nada?
Y cuando ya os oíamos a las claras por las
calles: «¿Es que no queda ni un hombre en
este país?». «Desde luego que no, por Zeus»,
decía otro; después de esto acordamos ya
sin más salvar a Grecia todas juntas,
reuniéndonos las mujeres. Pues, ¿de qué
hubiera valido esperar? Así es que si queréis
atendernos ahora a nosotras que os
hablamos cuerdamente, callaros como
antes nosotras, y podremos enderezaros[27].

Este es seguramente el mensaje de la película: las mujeres han soportado
demasiado durante años, han sido minusvaloradas y vilipendiadas y ya es el
momento de luchar por sus derechos y, que se oigan sus voces y se visibilicen.

Seguidamente en una pantalla de cine empiezan a mostrarse distintos
dirigentes políticos masculinos (entre ellos Hitler) a los que el público lanza
tartas y objetos como protesta (min. 1: 01: 58). Se escenifica de este modo a
las mujeres como símbolo de la paz frente la mala gestión de los hombres que
ha conducido al fracaso y la guerra. Esta es la versión de algunos feminismos
de aquel momento (por ejemplo, el ecofeminismo), que puede tener una
lectura peligrosa si se piensa que el patriarcado debe ser remplazado por un
matriarcado que gestione de manera más justa la vida común. El significado
del movimiento feminista por lo general se aleja de esta idea; el feminismo
es igualdad y, por tanto, lo que demanda es precisamente que el sector masculino pierda sus privilegios y no exista jerarquía social de ningún tipo entre
mujeres y hombres.

---

[27] ARISTOPHANES, *Aristophanes Comoediae*, traducción al español en López Férez, José
Antonio, *cit.*, pp. 57-58.

Más interesante es cuando las mujeres en la obra teatral afirman que van a desenredar la guerra tejiendo, esto es, acabar con los conflictos construyendo algo nuevo de manera pacífica. Los hombres contestan que la guerra es algo serio, pero las mujeres replican que tejer también lo es (min. 1: 06: 25). En la pieza teatral se dice:

> COMISARIO. ¿Y cómo os las vais a arreglar
> vosotras para reconciliar y poner fin a tal
> cantidad de asuntos enmarañados en las
> ciudades griegas?
> LISÍSTRATA. Muy simple.
> COMISARIO. ¿Cómo? Explícamelo.
> LISÍSTRATA. Igual que el hilo, cuando se nos ha
> enredado, lo cogemos así (Muestra con gestos
> lo que está diciendo), y con los husos por un
> lado y por otro, lo traemos a su sitio, así
> también desenmarañaremos esta guerra, si
> es que nos dejan hacer, poniendo las cosas
> en su sitio por medio de embajadas a un
> lado y a otro.
> COMISARIO. ¿Así que con lanas, hilos y husos,
> os creéis que vais a poner fin a unos asuntos
> tan terribles? ¡Qué necias!
> LISÍSTRATA. Sí, y también vosotros, si tuvieras
> una pizca de sentido común, según nuestras
> lanas gobernaríais todo[28].

Terminando el *film*, las chicas hacen crítica y autocrítica. Gunilla se atreve a dar un discurso en la calle pidiendo sueldos para las amas de casa, vacaciones pagadas, inquiriendo que la esfera privada es igualmente importante (min. 1: 11: 14). Marianne le sigue afirmando que las mujeres no pueden hacerse las víctimas y echarle toda la culpa a los hombres. Las mujeres han sido el sexo que siempre ha dicho *sí* y ahora es el momento de decir *no* (min. 11: 12: 48). Liz afirma que a veces se pone de parte de los hombres y piensa que las mujeres son ignorantes, perezosas, asustadizas y conservadoras, que tienen la cabeza llena de pájaros y son tan responsables como los hombres de la situación. El colectivo femenino tiene la oportunidad de cambiar por ellas mismas, los hombres no son honrados para llevar a cabo esta labor. El

---

[28]   *Ibid.*, pp. 60-61.

discurso acaba en una pelea entre las mujeres que escenifica la lucha entre los distintos feminismos y la necesidad de ponerse de acuerdo para conseguir el fin común de la auténtica igualdad (min. 1: 14: 09). Los enfrentamientos tienen que ver con una manera muy distinta de definir a los hombres y a las mujeres, pero la única solución es ir construyendo acuerdos.

El *tour* termina y las chicas vuelven a sus casas con la sensación de que nadie desea el cambio, si bien al menos han mostrado la miseria en que viven las mujeres. En la fiesta celebrando el final de la gira, Liz anuncia a todos que quiere el divorcio como símbolo de rebeldía social (min. 1: 19: 41). El marido le replica «No lo voy a permitir, esto es la guerra…» (min. 1: 33: 10). Las imágenes finales muestran a todos bailando con un efecto óptico deformante de los cuerpos (min. 1: 34: 00 y ss.). En definitiva, de eso se trata: de deformar los estereotipos patriarcales y generar una nueva idea de sujeto que en su diferencia sea realmente capaz de tomar decisiones sobre su propia vida y su concepto del bien.

II. **RECONSTRUCCIONES DEL SUJETO FEMENINO HOY. EL EJEMPLO DE *MI VIDA SIN MÍ* (2003) Y *LA VIDA SECRETA DE LAS PALABRAS* (2005) DE ISABEL COIXET (1960-): MÁS ALLÁ DE LA INDIVIDUALIDAD, LA AUTOSUFICIENCIA Y LA MERA JUSTICIA**

> «Uno de los efectos edificantes del cine consiste en permitir que aquellos individuos cuya sensibilidad ha sido embotada por el predominio de la tecnología y el pensamiento analítico recuperen el contacto sensorial e inmediato de la vida (…) El cine permite, sobre todo al espectador solitario, llenar su limitado yo (…) con imágenes de la vida entendida como tal: una vida brillante, alusiva, infinita»
>
> Kracauer, 1989[29].

> «La tarea actual del cine de mujeres no es la destrucción del placer narrativo y visual, sino más bien la construcción de otro marco de referencia, uno donde la medida del deseo no esa ya el sujeto masculino. Lo que está en juego no es tanto cómo `hacer visible lo invisible´, sino cómo crear las condiciones de visibilidad para un sujeto social diferente»
>
> Teresa de Lauretis, 1992[30]

---

[29] KRACAUER, Siegfried, *Teoría del cine, cit.*, p. 220.
[30] LAURETIS, Teresa de, *Alicia ya no. Feminismo, semiótica, cine, cit.*, p. 19.

Entre la filmografía de la directora Isabel Coixet sus trabajos *Mi vida sin mí* (2003) y *La vida secreta de las palabras* (2005) aúnan a la perfección la poética cinematográfica de esta directora catalana[31], y realizan aportaciones destacables a la configuración de un renovado sujeto de Derecho en el que las emociones, la empatía y la compasión son elementos definitorios.

En sus trabajos pone de manifiesto esa tendencia humana contradictoria a la oficialmente impuesta sobre la individualidad, la autosuficiencia y la mera justicia y a la vez complementaria de ésta que muestra la ineludible socialización, compasión y preciso cuidado. De este modo, desde las orillas del sistema que favorece la reflexión artística, da cuenta de lo que carece la concepción oficial del sujeto y del Derecho, y debate sobre la importancia de las relaciones familiares, sobre el trabajo alienante y la necesaria conciliación laboral, sobre la vida en la esfera privada como ámbito que trasciende a lo público.

Decía Siegfried Kracauer, siguiendo a Walter Benjamin, que el cine estaba dotado para registrar y revelar la realidad física[32], de tal manera que uno siente que está viviendo la película proyectada y se identifica con los personajes. La ilusión lleva al espectador a sentir *como si* hubiera participado en la película y de este modo *como si* hubiera vivido los acontecimientos. El cine devuelve la sensibilidad al espectador que es entonces capaz de vivir empática y afectivamente las vidas de otros para conocer mejor su identidad y participar activamente en lo que es la vida. Para conocer la vida y sobre todo para conformarse a uno mismo hay que conocer a los otros, vivir *en* y *a través de* otros.

Con anterioridad, Serguéi Eisenstein afirmaba que el elemento principal del cine es el espectador al que se intenta provocar una emoción. El autor debe presentar una narración lógicamente coordinada, pero no solamente eso, además ha de provocar el máximo de emoción y poder estimulante[33]. El montaje ayuda a que el espectador, a través de su inteligencia y también

---

[31]   La obra de esta directora se puede ver como un conjunto en el que se identifica un estilo, unas temáticas, unos mismos tipos de personajes. No me referiré a sus interesantes cortometrajes (*Mira y verás*, 1984) o documentales (por ejemplo, *Viaje al corazón de la tortura*, 2003); o largometrajes como *Demasiado viejo para morir joven* (1986, estrenado en 1988), *Cosas que nunca te dije* (1995), *A los que aman* (1998); u otros largometrajes como *Elegy* (2007) que fue un encargo, *Mapa de los sonidos de Tokio* (2009) o su film más reciente *La librería* (2017).

[32]   *Ibid.*, p. 51.

[33]   EISENSTEIN, Sergei, *El sentido del cine*, trad. I. Carballo, Siglo XXI, Buenos Aires, 1974, p. 15.

sus emociones, marche por el camino recorrido por el autor al crear la imagen. La imagen de una escena, de una serie, o de una creación completa no existe como algo fijo y ya terminado, tiene que surgir y desplegarse a través de los sentidos del espectador[34]. El espectador no ve un resultado final, sino que participa y *vive* el proceso y el sentido. El camino sería de la imagen a la emoción y de esta a la idea[35]. Es esencial que el cine emita y haga surgir emociones para que el espectador se identifique y *viva* el sentido y la idea. Eisenstein afirma que «es de emociones humanas y de humanas experiencias, que el cine debe construir sus orígenes estructurales»[36].

Pues bien, Isabel Coixet realiza auténtico cine al basarse en esta forma emocional y empática de entender el medio fílmico y eso le permite ofrecer a través de éste un discurso alternativo sobre el sujeto y sus relaciones con otros, mostrando esa visión particular que *tradicionalmente* ha sido denominada como *femenina*, aunque yo preferiría llamarla simplemente *humana*[37].

Esa visión relacional se consigue, en primer lugar, por los recursos técnico-artísticos que utiliza, principalmente el uso de la cámara en mano que, en palabras de la propia directora, se apoderó de ella por las posibilidades que ofrecía para transmitir la intensidad de las emociones *viviéndolas* casi en persona[38]. Su cine es muy intimista y emocionalmente intenso y en él abunda la voz en *off* para emitir los sentimientos más profundos de los protagonistas.

En segundo lugar, la visión relacional se logra a través de la utilización de otros lenguajes, del silencio y de las imágenes para comunicar cosas que no se pueden expresar hablando: muchas escenas se resuelven a través de silencios; hay muchos planos en los que el contenido se desprende únicamente de imágenes de gran fuerza visual; los planos, que suelen ser primeros o primerísimos planos, son montados a conciencia según el ritmo rápido o lento de lo que se quiere transmitir.

---

[34] *Ibid.*, p. 25.

[35] *Ibid.*, p. 32 y ss. También EISENSTEIN, Sergei, *Reflexiones de un cineasta*, prol., ed., y notas de R. Gubern, Lumen, Barcelona, 1970, p. 333.

[36] *Ibid.*, p. 207.

[37] El intentar separar las creaciones artísticas de mujeres y hombres en estilo formal y temática tiene sentido para reivindicar la versión femenina que se ha ignorado, pero pienso que no puede hacerse de manera esencialista, como si las mujeres fueran las únicas capaces de hacer obras intimistas, emocionales y compasivas. No lo creo. Un ejemplo en el ámbito cinematográfico es *Deseando amar* (2000) de Wong Kar Wai.

[38] Así lo informa la directora en la entrevista que le realiza CERRATO, Rafael, *Isabel Coixet*, prol. Sarah Polley, Ediciones JC, Madrid, 2008, pp. 143-144.

En tercer lugar, está la historia y la caracterización de los personajes. Coixet crea historias que obligan a reflexionar sobre los recodos del comportamiento humano sin que al final podamos saberlo todo de los personajes. Sus protagonistas son solitarios, esconden grandes secretos y están generalmente alienados en sus trabajos y en sus vidas cotidianas en el marco de una sociedad capitalista. En sus historias hay siempre un *despertar* de esa alienación y un redescubrimiento de la magia de la vida cotidiana, encontrando de nuevo el placer de probar una buena comida, de sentir el sol y la lluvia, de hablar con los compañeros, de abrazar a los seres queridos, etc. La misma Coixet homenajea a John Berger en algunas de sus películas por su intención de *sacralizar lo cotidiano*[39].

Su primera película de éxito, *Mi vida sin mí*, trata de una mujer llamada Ann (interpretada por Sarah Polley). Es una chica en cierta manera alienada por su pobreza y modo de vida, que le diagnostican un cáncer terminal y que decide no decir nada a sus queridos y vivir intensamente los dos meses que le quedan, recuperando el valor de las pequeñas cosas y preparando la vida de los que le rodean para que no sufran su ausencia[40].

---

[39]   *Ibid.*, p. 138. En *Mi vida sin mí* el personaje de Lee está leyendo el libro de John Berger *Hacia la boda*.

[40]   Tráiler oficial: https://www.youtube.com/watch?v=JTgkNC1MX6w (última consulta 25 de enero de 2023).

En su largometraje posterior *La vida secreta de las palabras*, la protagonista es Hanna (también interpretada por Sarah Polley). Ella es una víctima sorda de la guerra de los Balcanes que intenta sobrellevar su pasado trabajando sin cesar en una fábrica cuando en unas forzadas vacaciones se ofrece voluntaria para el cuidado de un persona (Tim Robbins), quien ha sufrido un incidente grave en una aislada plataforma petrolífera. Su relación con ese individuo es lo que le hace retomar su vida[41].

Estos son las películas en las que se va profundizar en este apartado. En ambas el despertar de la alienación y el encuentro de la propia subjetividad se producen gracias a la relación y la empatía con los otros. De las dos historias se desprende que la afectividad, la empatía y compasión con los otros configuran los seres humanos y que éstas conforman un estado previo para la comunicación. Como se ha explicado aneriormente, este problema plantea que para ser individuos realmente autónomos antes de la comunicación con otros está la *relación* con los otros y por tanto primero es el amor y la devoción hacia uno mismo y por el otro. Así lo afirmar Axel Honneth: la autoconfianza, el autorrespeto y la autoestima de los individuos se adquieren gracias a un proceso intersubjetivo en el que el sujeto toma conciencia de sí mismo y de los demás como seres iguales y dignos[42].

Desde esta perspectiva los seres humanos son seres sociables y la mediación con el mundo es siempre a través del lenguaje. Sin embargo, la comunicación no se da entre seres humanos independientes y separados, es entre seres con lazos previos de reconocimiento mutuo. Solamente tras el descubrimiento del *yo* en los otros es posible la comunicación. Sin el estado previo de consideración por el otro, la comunicación no es efectiva y puede fallar.

Rafael Cerrato, autor del cuento que inspiró la película de *Mi vida sin mí*, explica que el tema del lenguaje es fundamental en el trabajo de la directora catalana, especialmente el problema de comunicación entre los individuos[43].

En *Mi vida sin mí* Ann es aparentemente feliz, está dichosamente casada con Don (Scott Speedman) al que ama, tiene dos hijas a las que adora y tiene trabajo. A pesar de ello, no es realmente feliz y hasta que no conoce su enfermedad es incapaz de expresarlo con palabras al ser su frustración fruto del contexto complejo en el que vive, del hecho de que es pobre y se ve obligada a trabajar de manera nocturna, su casa es una caravana en el patio trasero de su madre, Don es el único hombre con el que ha estado y es (en palabras de las misma Ann) un desastre[44], su madre siempre se queja y sobre todo fue madre demasiado pronto a los 17 años por lo que no ha podido desarrollar íntegramente su personalidad. En un momento de vómitos y nauseas en el trabajo intenta explicar a su amiga (Amanda Plummer) su desgracia ya que ésta, obsesionada con las dietas, se piensa que vomita para no engordar. Ann

---

[42]   Véase de nuevo el diálogo entre Jürgen Habermas y Axel Honneth (teoría del discurso *versus* teoría del reconocimiento). Honneth se centra en la noción de reconocimiento recíproco, porque va más allá del hecho de que uno se ponga en el lugar de un segundo interlocutor, y plantea que antes de ponerse en el lugar del otro, antes del «conocimiento» del (y comunicación con) otro, se requiere previamente un «reconocimiento» basado en el amor. Honneth, Axel, *Reification, cit.*.

[43]   CERRATO, Rafael, *Isabel Coixet, cit.*, pp. 143 y ss.

[44]   Lo deja claro cuando prefiere dejar las cintas grabadas a sus hijas al médico, porque a Don se olvidaría dárselas o les daría dos a la vez.

entonces se retrotrae a experiencias pasadas de humillación, que le sucedieron cuando niña, como aquella que vez que se rieron de ella en el colegio. De repente verbaliza experiencias frustrantes en las que la falta de empatía de otros han impedido el reconocimiento de su propio *yo*. De sus palabras se deduce lo que podía haber *sido*: es una chica inteligente que podría haber estudiado, por eso aprende chino escuchando cintas a todas horas; también comprendemos que le hubiera gustado viajar y de ahí que le encante, a la vez que le entristece, que el personaje de Lee (Mark Ruffalo), un chico que se enamora de ella, quiera llevarla a ver sitios maravillosos en Chile o Argentina; y concluimos, en suma, que le hubiera gustado ser y hacer tantas otras cosas.

Otra escena interesante en *Mi vida sin mí* respecto a los problemas de comunicación es cuando le están haciendo pruebas a la protagonista en el hospital. Ann está preocupada por sus hijas que están esperándola en la puerta del colegio. No piensa tanto en los resultados de las pruebas como en la necesidad de que alguien avise a su madre para que vaya a recoger a las niñas. Nadie la escucha hasta que una enfermera empatiza con ella tras verse así misma de niña esperando con la nariz congelada a que la recojan. La empatía una vez más es una herramienta más para comprender al otro y a uno mismo. (escena 1, min 10:40).

Más tarde, hay una escena donde se muestra una acercamiento empático entre personajes. Cuando el médico le dice a Ann que va a morir, las palabras de ésta no reflejan la tensión o la desesperación propias de una situación como esa, de ellas se desprende por el contrario ironía y humor. Así afirma: «Y yo que pensé que estaba embarazada» o «Ah, (el tumor) va muy rápido» (escena 1, min. 13). El médico, no obstante, comprende su situación, empatiza y se compadece de ella, aunque no sabe qué decir ni cómo actuar porque es la primera vez que tiene que comunicarle a alguien que va a morir. Opta entonces por un gesto sencillo y cercano que es ofrecerle un caramelo.

En *La vida secreta de las palabras* se muestran también las contrariedades que aparecen en los actos comunicativos cuando faltan el respeto y amor en las relaciones humanas. Hanna es una persona que se refugia en el silencio, entre otras cosas porque ha perdido la fe en los seres humanos. Ella es sorda (por las secuelas de la tortura) y normalmente decide aislarse del mundo apagando el aparato de su oreja. En las primeras secuencias de la película Hanna trabaja tediosamente en una fábrica y se desconecta del mundo. Su silencio se ve solamente interrumpido por el altavoz de su jefe que la invita a acudir al su despacho. No la va a despedir, aunque se explica torpemente, le insta a tomarse unas vacaciones (escena 1, min. 3:50). Entonces Hanna vuelve a su casa, un espacio con apenas muebles, cena de nuevo lo que previamente había comido en la fábrica (arroz blanco, pollo y manzana), no tiene televisión, ni contacto con nadie. Lleva una vida sin alicientes, gris como su propia casa. Cuando por casualidad escucha que necesitan una enfermera para el cuidado de un enfermo en una plataforma petrolífera aislada, no duda en ofrecerse, para escapar y mantenerse ocupada. Hanna huye de sí misma y por tanto también del contacto con otros, por eso habla poco y también miente afirmando llamarse Cora y ser pelirroja. Además, no quiere oír, porque desconfía de las palabras. Es estremecedor cuando relata cómo uno de los soldados de la ONU la viola diciéndole al mismo tiempo al oído «Perdóname, lo siento». En contraste, el personaje de Josef en la película, temporalmente ciego por el accidente, utiliza el lenguaje en exceso, con ironías, bromas, humor, lo hace también como escudo para suplir su falta de visión y, sobre todo, para refugiarse del dolor que le causa recordar que su mejor amigo se ha suicidado en el incidente de la planta petrolífera al enterarse de la relación amorosa que mantenían Josef con su mujer. Es él el que le sugiere el nombre de Cora, retomando un cuento de una enfermera que cuida de un niño de 15 años del que finalmente acaba enamorándose. Estas y otras historias son contadas por Josef en clave de humor pero detrás se esconde también mucho dolor. Como la historia del patín acuático en la que su padre lo lanzó al agua sabiendo que ninguno de los dos sabía nadar (escena 4, min. 47).

A veces la falta de comunicación verbal se intenta suplir con otros lenguajes más sensibles (más sensoriales) para reconectar con los otros. Coixet lo explica en varias escenas valiosas de estas películas. En *Mi vida sin mí* está, por ejemplo, la escena en la que Ann va a visitar a su padre a la cárcel. Le habla de sus hijas, de su vida. El padre intenta explicar por qué la madre lo odia y comenta que «Algunas personas…no pueden llevar la vida que los demás quieren que llevemos. Por mucho que lo intentas, no puedes (…) Es duro…saber…que quieres a alguien y no puedes hacerle feliz. Es como quererlos y…no poder quererlos como a ellos les gustaría ser queridos». En esta escena llega un momento en que Ann cesa de hablar y le dice a su padre que necesita tocarle la cara, que se acuerda de su tacto. También su padre siente apego por sus nietas pero no lo dice, solo le ofrece a Ann hacerles unas zapatillas, que es su profesión en la cárcel (escena 11).

En *La vida secreta de las palabras* destaca la secuencia en la que Hanna le cuenta a Josef lo que le ocurrió en la guerra de Bosnia. En esa escena tan emotiva, Josef es entonces incapaz de hablar, solo acaricia a Hanna para mostrarle su compasión. Por su parte, Hanna es incapaz de ser sincera y cuenta lo que le ha pasado como si le hubiera ocurrido a otras mujeres, así por ejemplo la muerte de su hija, que es probablemente lo que le causa más pesar (es entonces cuando se comprende esa voz en *off* de una niña que desde el principio aparece invisible en la vida solitaria de Hanna). Hanna es incapaz de explicar su padecimiento y, al darse cuenta de la insuficiencia de su relato, prefiere que le toquen sus cicatrices para expresar con el tacto lo que no pueden expresar las palabras. Las cicatrices comunican mejor la violencia que ha sufrido, son marcas, escritura de la violencia en el cuerpo que ha padecido el horror (escena 6, min 1:20).

El acto comunicativo precisa a veces de lenguajes sensoriales que reconecten a los individuos. El de la música es fundamental para el personaje de Lee en *Mi vida sin mí*. Su hermana le regala cintas de música y él las usa con Ann para mostrar su sentimientos y expresarse. Este lenguaje comunica y Ann también se enamora de Lee, aunque siga queriendo a su marido (escena 7). El de la comida es el lenguaje principal de otro de los personajes de *La vida secreta de las palabras*, Simon (Javier Cámara), quien se expresa y vive a través de los platos internacionales que cocina y quien intenta acercarse a los demás a través de ellos. De hecho, el despertar de Hanna comienza tras probar casi con violencia la parte de la cena sobrante de Josef. Ella siempre comía lo mismo (arroz, pollo y manzana) y la variedad de sabores de los platos de Simon le transmiten sus ganas de vivir[45]. El despertar es violento, rápido y Coixet, cámara en mano, utiliza planos cortos que en el montaje se solapan con rapidez transmitiendo hábilmente la violencia de manera visual (escena 3).

zPara Hanna de *La vida secreta de las palabras* su despertar al mundo empieza en un lugar alejado de todo, donde se reúne con un grupo reducido de personas que «solo quieren que les dejen en paz» (así lo expresa el encargado de la plataforma —escena 3, min. 36). Son personas que sin embargo se encuentran consigo mismas gracias a la *relación* con los otros. Hanna es incapaz de racionalizar lo que le ha ocurrido y ello la ha bloqueado también emotivamente: es incapaz de sentir, de reír, llorar, disfrutar de los alimentos. Lo que propone Coixet es que para recuperar el sentido de la realidad y ser consciente de quienes somos, hay que hacerlo a través de otros lenguajes

---

[45] CERRATO, Rafael, *Isabel Coixet, cit.*, p. 148.

más sensibles (el gusto, el tacto, el oído, el olfato) y que esta es la manera de recuperar la propia identidad (escena 1 de *Mi vida sin mi*).

Con todo, lo esencial para conformar al sujeto y redescubrirse en la filmografía de Coixet es el amor. Para Ann lo único que le hace sobrellevar la tensión esos dos meses de existencia antes de morir es el amor que siente por Don y sus hijas, por su madre, su amiga y también por Lee. La escena de la lavandería sorprende especialmente por su simbolismo. La lavandería es un lugar emblemático en la poética de Coixet al ser un sitio público donde se hace algo tan íntimo como lavar la ropa, donde lo privado se hace público. En esta escena Ann se encuentra con Lee y mientras él le trae un café, ella se queda dormida. A partir de entonces los planos se suceden lentamente pues paulatinamente se va a acercando Lee con su silla para mirar más de cerca y hasta que se hace de día a Ann (escena 4, min. 30). Con su mirada, sabemos que se ha enamorado de ella. Ann despierta entonces, como si volvería a nacer. La escena en que se despide de Lee, dando a entender que ella quiere a su marido, es esencial para comprender la importancia de Lee para Ann. Coixet utiliza aquí un movimiento de cámara que sigue a Lee y que luego vuelve a ella para quedarse fija, apareciendo de repente Lee para besarla. No se puede obviar la importancia de las relaciones con los seres queridos porque son esas relaciones las que configuran nuestra subjetividad (escena 11, min. 1:30).

El amor es también lo que realmente logra la recuperación de Hanna. En *La vida secreta de las palabras*, además, la empatía y la compasión resultan primordiales en el amor. Hanna empatiza y se compadece de Josef y también de su amante cuando escucha una y otra vez el mensaje que ésta le ha dejado en el móvil. Intenta mostrar su compasión con una caricia cuando Josef confiesa su pesar, aunque la rechaza alegando que «es horrible despertar compasión» (escena 5, min 1:07). Por su parte, Josef empatiza y se compadece de Hanna cuando ésta le cuenta su historia de guerra y lo hace también a través de una caricia (escena 6, min 1:20). La diferencia es que Hanna no le rechaza. Entonces Josef comprende la importancia de la compasión puesto que nadie más que Hanna le enseña cómo se puede vivir con el pasado y con los muertos, al ser su historia aún más violenta y conmovedora que la suya, al haber sido retenida con otras 15 mujeres en hotel, sistemáticamente violada por los suyos y por los supuestos salvadores soldados de la ONU, torturada con cortes en la piel a los que echaban sal y obligada a sobrevivir tras el asesinato de su hija. La escena acaba con un abrazo y un beso muy conmovedores, que dan una oportunidad de vida a ambos.

Aquí volvemos a la teoría, el amor es esencial para definir al ser humano y también lo es, aunque se intente ignorar en la sociedad actual, la muerte. En *Mi vida sin mí*, la voz en *off* de Ann afirma: «Ahora veo las cosas claras. Miro los escaparates y las cosas que no puedo comprar y ya no quiero. Todo está ahí para mantenernos lejos de la muerte, y no sirve». También en la escena en el supermercado aparece el tema de la muerte. El supermercado le gusta porque hace frío, el frío le hace sentir viva y asimismo es un lugar donde nadie piensa en la muerte. La escena deviene onírica porque Ann valora ese pequeño acto de ir a comprar y por eso todos aparecen bailando mientras hacen sus tareas. (escena 8). En el caso de *La vida secreta de las palabras* Hanna ha convivido directamente con la muerte y ha sentido el horror muy de cerca. La pregunta es la misma en ambas películas: cómo se puede sobrevivir a los muertos. En ningún caso se recurre a Dios. Ann se preocupa de los suyos cuando ella ya no esté; Hanna tiene que seguir viviendo a pesar de la vergüenza de haber sobrevivido al horror y de sobrevivir a su hija a quien imagina crecer y acariciar el pelo. La respuesta es que solamente se sobrevive por amor.

El amor es el centro de las relaciones intersubjetivas, es el primer estadio de reconocimiento recíproco en el que los seres humanos se ven unidos al verse como entes necesitados, dependientes de otros. Las relaciones afectivas siempre están en un equilibrio precario entre la autonomía y conexión (el ejemplo más claro están en la relación madre-hijo). Al ser el primer estadio de reconocimiento, el amor es igualmente esencial para el Derecho que, al guiar las conductas individuales, debe encontrar formas ampliadas de reconocimiento recíproco institucional y culturalmente[46].

Desarrollando lo anterior, la concepción liberal de la Justicia se ha centrado en el reconocimiento de iguales derechos individuales, pero lo ha hecho en un sentido meramente negativo basado en la idea de no-interferencia por parte de otros. Sin embargo, es crucial apoyar el respeto hacía uno mismo en un sentido positivo, confirmando un concepto *de hacer* para que todos se sientan seres *capaces*, dignos e iguales, con derechos dentro (perteneciendo a) una sociedad o grupo particular. De ahí que: «Desde el enfoque del reconocimiento recíproco, la garantía de derechos no asegura la autonomía directamente (en

---

[46]   HONNETH, Axel, *La lucha por el reconocimiento, cit.*, p.115.

el sentido negativo que evita las interferencias), sino que lo que permite la autonomía es el auto-respecto»[47].

Además, para ser autónomo se requiere autoconfianza en los sentimientos, deseos, impulsos y emociones propios. La autoconfianza es un proceso interpersonal de diálogo con uno mismo en el que parecen intervenir directamente la emoción y el apoyo de los demás. Por eso: «para proteger y fomentar las condiciones para la autonomía se deben proteger el tipo de relaciones donde se fragua la confianza en uno mismo. Por ejemplo, las relaciones familiares y las de trabajo»[48].

Para ser autónomo también se precisa autoestima. La humillación social de ciertos tipos de vida y decisiones humanas mina la autonomía de los seres humanos. En este sentido, el contexto semántico y símbolo social es relevante, porque utilizando ciertas expresiones se pueden estar marginando opciones de vida de seres humanos, lo que limita también su capacidad de decidir. «Para proteger la autonomía se necesite luchar contra cualquier efecto degradante»[49]. La humillación «Es un tipo de conducta o condición que constituye una buena razón para que una persona considere que se le ha faltado al respeto»[50] . En esta línea Avishai Margalit ha defendido que una sociedad decente es aquella cuyas instituciones no humillan a las personas, aquella que combate las condiciones que justifican que quienes forman parte de ella se consideren humillados o creen tener razones para sentirse humillados. Además, es aquella que acuerda respetar, a través de las instituciones, a las personas sujetas a su autoridad[51]. De hecho, una sociedad que respete los derechos de las personas no es condición suficiente para considerarla una sociedad decente, puesto que puede humillar a sus miembros en tanto ciudadanos, aun cuando no viole unos derechos reconocidos[52].

Para terminar, me gustaría mencionar otro asunto interesante de estos largometrajes: el tema de la memoria. En *Mi vida sin mí* y en *La vida secreta*

---

[47] ANDERSON, Joel and HONNETH, Axel, «Autonomy, Vulnerability, Recognition, and Justice»,. *cit.*, pp. 127-149, p. 133. Traducción propia.

[48] *Ibid.*, pp. 127-149, p. 135.Traducción propia.

[49] *Ibid.*, pp. 127-149, p. 137.Traducción propia.

[50] MARGALIT, Avishai, *La sociedad decente*, trad. C. Castell Audela, Paidós, Barcelona, 1997, p. 21.

[51] *Ibid.*, pp. 15, 18, 22.

[52] *Ibid.*,. p. 44.

de las palabras las grabaciones son fundamentales para la memoria. Ann graba mensajes en cintas a sus hijas en sus cumpleaños y a sus seres queridos: a su madre para que no se torture por no haber conseguido sus sueños, a Don para que no la eche de menos y se enamore de la otra Ann que vive en frente y le gusta a las niñas, y a Lee para que olvide a la mujer que lo dejó y pinte y compre muebles nuevos para su casa. En sus mensajes explica que les ha querido evitar el dolor de la enfermedad y les insta a vivir su vida intensamente. Las cintas hacen de la vida un bien preciado, manteniendo presente en la memoria la figura de Ann cuya existencia es proyectada al futuro, especialmente en los mensajes que sus hijas recibirán en cada uno de sus cumpleaños.

Por su parte, Hanna no solo ha contado su historia a Josef, también se la ha narrado a Inge Genefke (interpretada por Julie Christie en la película). Es es un personaje real que trabajó en la ONG *International Rehabilitation Council for Torture Victims*. Aquí Coixet, como en otras de sus películas, valora la labor de las organizaciones sin ánimo de lucro y que persiguen fines sociales[53]. Cuando Josef va a buscarla gracias a las cartas que le mandaba Inge a Hanna y que ésta olvidó junto a su mochila, pregunta por qué graban cintas de video con los testimonios de las experiencias vividas. Inge explica que «Antes del holocausto, Adolf Hitler reunió a todos sus colaboradores y, para convencerlos de que su plan funcionaría, les dijo: ¿Quien se acuerda del exterminio armenio?. Eso les dijo. Treinta años después, nadie recordaba que un millón de armenios habían sido exterminados de la manera más cruel posible. Han pasado diez años; ¿quién se acuerda de lo que pasó en los Balcanes? Los supervivientes. Los que, por alguna…argucia del destino, han vivido para contarlo; si es que pueden…Los que se avergüenzan…de haber sobrevivido. Como Hanna. Ésa es la ironía, si puede llamarse así: la vergüenza que sienten los que consiguen sobrevivir. Y esa vergüenza, que es más grande que el dolor, que es más grande que cualquier cosa, puede durar para siempre» (escena 7, min 1:38).

La escritura, en este caso a través de las grabaciones en video de las experiencias vividas por las víctimas, es memoria, son historias personales que enriquecen el relato de la historia de una guerra. De este modo Coixet pasa de la ficción a la realidad, haciendo reflexionar al espectador sobre el concepto de historia en el sentido derridiano como conjunto de relatos fragmentados.

---

[53] Incluso en esta película aparece un personaje comprometido con una causa, Martin, que detrás de su trabajo, en realidad, está más preocupado por el impacto medioambiental.

Como en la novela de *El cuento de la criada* de Margaret Atwood, la grabación de su protagonista es un testimonio de lo ocurrido en primera persona, una versión subjetiva, seguramente incompleta de lo que sucedió. Al final de la novela, un grupo académico de profesores debaten sobre su relato y lo identifican con lo personal, subjetivo, relativo frente a la narración oficial impuesta por la historia y apoyada por el poder. No obstante, una narración, aún hegemónica, no puede ser suficiente para dar cuenta de la compleja realidad humana.

Para terminar con este relato, decir que el cine de Coixet se funda en una visión emocional y empática de concebir el medio cinematográfico y se vale de ella para ofrecer un concepto relacional de los individuos basando la subjetividad y autonomía en el amor hacía otros. Sus personajes son seres solitarios que han perdido la razón de su existencia, que están perdidos, alineados y solamente consiguen despertar de su letargo gracias a la relación con otros y, especialmente, al amor. Estos personajes reflejan que los seres humanos tienen una naturaleza contradictoria, buscan la independencia pero a la vez son dependientes de otros. El amor hacía otros es el primer estadio que configura la propia subjetividad y permite la comunicación. Por eso la reivindicación femenina de recuperar el valor de las pequeñas cosas, de lo cotidiano, de la sensibilidad y el contacto con la naturaleza y con los demás es tan relevante para articular una nueva concepción del sujeto, más equilibrada, alejada de la mera autosuficiencia y del egoísmo. El amor, de hecho, está unido a la empatía y la compasión hacia otros. La teoría del Derecho y del sujeto jurídico deben hacerse eco de esta perspectiva renovada.

V

A MODO DE CONCLUSIÓN. EL ARTE COMO HERRAMIENTA SUBVERSIVA FRENTE AL DERECHO MASCULINO Y RECONSTRUCTIVA DE UN NUEVO SUJETO UNIVERSAL DE DERECHOS RESPETUOSO CON LA DIFERENCIA Y SUSTENTADO EN EL RECONOCIMIENTO RECIPROCO DE LA DIGNIDAD DE TODOS

El Derecho es una creación humana y, en consecuencia, determinado cultural e ideológicamente. El mundo occidental se ha construido sobre las bases del Derecho moderno cuyos conceptos y presupuestos contienen una visión masculina de la realidad que cierra la puerta a otros escenarios diferentes. El feminismo jurídico ha criticado esa mirada masculina de la vida generada y sustentada por el Derecho. Sin embargo, la crítica no solamente procede del interior de los márgenes jurídicos sino también de fuera. El Derecho ha de incorporar las propuestas formuladas desde la filosofía, la antropología, la sociología, la psicología y por supuesto también desde el arte. El arte tiene una función social, cultural y político-jurídico esencial y nada desdeñable. Es un ente transformador que produce ideas, nuevas sensibilidades y promueve cambios culturales que potencialmente persiguen ser incorporados al Derecho. Además, es capaz de dotar al Derecho de lo que desgraciadamente siempre ha carecido y de esta manera expresar emociones y sentimientos que son también parte de nuestra naturaleza. Si el Derecho es una creación humana, entonces no puede verse tajantemente separado de tales afecciones.

Las mujeres han expresado sus quejas y reivindicaciones a través de diversos medios artísticos, utilizando herramientas que conceden mayor libertad de expresión. El hecho de que el arte, al involucrar emociones, no se haya tomado lo suficientemente en serio como instrumento transformador de esta sociedad dominada por la razón, ha sido en ocasiones impedimento para no ignorar al colectivo femenino de artistas, pero al mismo tiempo ha permitido un espacio más sincero y valiente que el que haya podido generarse a través de otros cauces.

Así ocurrió con la narrativa (cuentos o novelas) de mujeres en el pasado, que posibilitaron mostrar su indigna situación y sus anhelos. Escritoras como Brönte o Pardo Bazán reflejaron las injusticias derivadas de la generalizada teoría de la incomensurabilidad de los sexos. Se trata de una teoría que divide a los sexos amparándose en unas características que los definen en base a su cuerpo físico y su supuesta naturaleza psicológica. Se define al hombre como un ser activo, fuerte, caballeroso, protector, culto y especialmente racional y libre para decidir su propia vida. Por otra parte, está la mujer delicada, débil, sensible, pasiva al ser irracional e incapaz de controlar sus emociones y decidir sobre su vida, siendo inevitablemente recluida para su protección y control. A esta tesis se suman, además, uno roles y funciones sociales predeterminados que colocan al hombre en la esfera pública, regida por la libertad y relaciones entre iguales, y a la mujer en la esfera privada, imperada por la dominación y una relaciones asimétricas. Con ello, se esconde en realidad la consideración de inferioridad de las mujeres y la obligación social de que éstas actúen conforme se espera de ellas. Tanto en la novela de *Villette* de Brönte como en *Insolación* de Pardo Bazán se expresa una crítica al lugar que ocupan los sexos socialmente y a la división de roles de género, señalando las raíces de tal división en la religión católica. Además, se describe la manera en que el medio afecta a las decisiones de los individuos y las terribles consecuencias sociales de la transgresión de las normas, planteando las dificultades encontradas por las mujeres para decidir libremente en un contexto que las encasilla y las priva de voz. El objetivo de ambos textos es la reivindicación de un derecho a decidir (también de un derecho al deseo y a la sexualidad de las mujeres), dando lugar a dos historias en el que ellas son capaces de romper con las reglas sociales y decidir sobre sus vidas sin que ello les impida disfrutar de un final feliz.

Del mismo modo, ocurre con autoras más contemporáneas como Atwood, quien se muestra favorable a la libertad de decisión de las mujeres frente a la seguridad ofrecida por un sistema sumamente constrictor de las libertades. *El cuento de la criada* analiza la manera en que las identidades son escritas a través de las cuerpos y sus funciones vitales. La mujer es vista fundamentalmente como ser reproductor, lo que determina su función y yugo social. De nuevo, se enfatizan los límites de decisión de las mujeres en un sistema que las ha poseído, diseñado y privado de derechos. La autodesignación femenina, tal y como la plantean mucha filósofas femeninas como Irigaray o Braidotti, está muy comprometida en un sistema en el que ellas mismas ignoran o han olvidado quienes son. Ahora bien, Atwood muestra algo fundamental: aunque el sujeto es siempre situado y construido culturalmente es a la vez capaz de crítica. Una vez más, las mujeres pueden transgredir las normas, si bien es cierto que se requiere, como afirma la filósofa Amorós y como bien hace notar Atwood, de una conciencia femenina presupuesta que constituye una forma de existencia previa reflexiva sobre *ser* mujer.

Las mujeres artistas se apropiaron también del medio fotográfico, que en sus inicios ni siquiera fue considerado dentro de la categoría de arte, y lo utilizaron artísticamente para criticar una realidad injusta en relación a las heterodesignación de las mujeres y los estereotipos de género. Las primeras fotográficas como las de Cunningham rompen con los clásicos binomios hombre/mujer, activo/pasivo, naturaleza/cultura, público/privado, optando por el diseño de un nuevo sujeto fuera de tales artificiales divisiones. En su serie *On Mount Rainer* Cunnigham pone de manifiesto que, a pesar de todas las diferencias, el ser humano tiene en común su fragilidad o vulnerabilidad en este mundo. Actualmente, el concepto de vulnerabilidad se ha introducido con fuerza en el discurso sobre el sujeto y ha servido como un fundamento más para articular un sujeto universal de derechos que, a pesar de las múltiples diferencias, tenga un mínimo o denominador común. Además, ha permitido valorar públicamente el tema de los cuidados porque todos somos seres con necesidad de cuidado en algún momento de nuestras vidas, lo que es esencial para desplegar la solidaridad pública. Sobre la base de su vulnerabilidad, Cunningham idea un ser andrógino, ni hombre ni mujer, rompedor de los estereotipos sociales y que surge como un ser con un mínimo común que ha de protegerse y que concierne a su dignidad humana y por tanto también a esa capacidad de elección individual sobre la propia vida que poseemos todos igualmente.

Asimismo, la fotografía más contemporánea de Cindy Sherman muestra la artificiosa y fluida construcción de las identidades. En su serie *Untitled Film Stills* toma estereotipos femeninos generados en la cultura popular del cine y perfectamente reconocibles, pero son presentados de manera teatral y a través de poses en acción y encuadres tensamente diagonales. Con ello busca mostrar que el sujeto se construye inacabadamente oscilando entre lo real y lo ficticio. Al final la identidad es un constructo y en nuestra sociedad la supuesta identidad femenina ha sido construida externamente por la mirada masculina. Sherman expresa entonces que en el contexto social cabe la reinterpretación de esa mirada para generar un nuevo concepto de persona híbrida que acabe con encasillamientos inútiles.

Finalmente, fuera del sesgo masculino de muchas películas sobretodo hollywoodienses, el cine es un medio también magnífico para expresar el desencanto y nuevas construcciones del sujeto. Así se comprueba en la filmografía de Zetterling y en concreto en su largometraje *Las chicas*, donde se propone la revaloración del trabajo de las amas de casa, la capacidad de decidir sobre el propio rol en la esfera privada y en la pública, la conciliación y la responsabilidad social de los cuidados, la necesidad de luchar como colectivo sin que ello conduzca a identidades esencialistas o al mantenimiento del binomio artificial de los sexos. Igualmente se critica la heterodesignación de las mujeres y se plantean las dificultades para la autodesignación de ellas mismas, haciendo especial énfasis en el tema de la maternidad utilizado frecuentemente para autodefiniciones femeninas pero no siempre el objetivo de *todas* las mujeres. También interesante es su alusión a la falta de diálogo social y a los enfrentamientos frecuentemente infructíferos entre los diversos movimientos femeninos que alejan del objetivo común que es la auténtica igualdad. La crítica a todos estos aspectos permite sentar las bases para la construcción de ese sujeto femenino que sea capaz de decidir, que trasgreda las normas sociales y elija sobre su propia vida. Por eso, al final del largometraje la actriz principal pide el divorcio a su marido infiel, y lo hace públicamente porque lo privado es también público en una sociedad que, si persigue ser justa, no puede permitir discriminaciones de ningún tipo.

La filmografía de Coixet presenta de igual forma una renovada visión del sujeto de Derecho esta vez basado en las emociones, la empatía y la compasión. La directora hace una crítica a la noción tradicional de autonomía como autosuficiencia. El sujeto no es libre de autodeterminarse y decidir por sí mismo a la manera liberal, porque vive en un contexto y además su autonomía se construye a través de la relación con los demás. Así, se sugiere el concepto de autonomía relacional y que, antes de la relación (antes de la comunicación habermasiana), está el reconocimiento de los otros como seres dignos igual que uno mismo. Tanto en *Mi vida sin mí* como en *La vida secreta de las palabras*, Coixet propone una reconstrucción del sujeto centrándose principalmente en la empatía y la compasión por los demás que permite ese reconocimiento mutuo y, sobre todo, enfatizando el amor como primer estadio de reconocimiento recíproco. Extendiendo esta idea al ámbito jurídico, el Derecho, al ser una forma de organización social basada en el consenso entorno a unos valores y la dignidad, debe encontrar obligadamente formas ampliadas de reconocimiento recíproco a nivel cultural e institucional (de nuevo pensando que realmente persigue ese concepto común de Justicia sobre el que se sustenta). En esa búsqueda, el Derecho no puede ser ajeno al afecto ni al amor porque ambos son pilares fundamentales de nuestra definición de la humanidad (y seguramente no solo *nuestra*).

Me gustaría concluir afirmando que el arte femenino consigue transmitir de manera efectiva y *a*fectiva la crítica a la estructura social patriarcal que hace tambalear los cimientos del Derecho masculino. Este arte no solamente ha de-construido los mitos y conceptos del patriarcado, sino que ha propuesto nuevas concepciones del sujeto que escapan de binarismos esencialistas inútiles y que se centran en lo que parece que nos hace humanos. Esto es, en primer lugar, la igual libertad como capacidad de decidir sobre la propia vida, que tiene en cuenta que no somos seres autosuficientes sino contextualizados y relacionales. En segundo lugar, es la común vulnerabilidad y la necesidad de cuidados que sirven de fundamento a la solidaridad pública. Y, por último y sobre todo, son esenciales el afecto y el amor que nos unen y que permiten la articulación de todos los derechos y la satisfacción de la dignidad de todos los individuos, cada uno con sus diferencias (y no solo de sexo).

BIBLIOGRAFÍA CITADA

ALBERS, Josef, *Interacción del color*, trad. M. L. Balseiro, Alianza Forma, Madrid, 2001.

ALEXANDER, Jacqui and TALPADE MOHANTY, Chandra (eds.), *Feminist Genealogies, Colonial Legacies, Democratic Future*, Routledge Press, New York, 1997.

AMORÓS, Celia, *Hacía una crítica de la razón patriarcal*, Ahthoropos, Barcelona, 1985.

— *La gran diferencia y sus pequeñas consecuencias...para las luchas de las mujeres*, Cátedra, Madrid, 2006.

ANDERSON, Joel and HONNETH, Axel, «Autonomy, Vulnerability, Recognition, and Justice», in John Christman and Joel Anderson (eds.), *Autonomy and the Challenges to Liberalism: New Essays*, Cambridge University Press, New York, 2005, pp. 127-149.

ANSUÁTEGUI ROIG, Francisco Javier, «La cuestión de universalidad de los derechos: de las intuiciones a los problemas», en Ansuátegui Roig, Francisco Javier *et altri* (coords.), *Historia de los derechos fundamentales*, vol. 4, tomo 4, 2013, pp. 3-122.

— «Vulnerabilidad, Sociedad e individuo», *Tiempo de paz*, núm. 138, 2020, pp. 12-19.

ARENDT, Hannah, *Los orígenes del totalitarismo*, trad. G. Solana Díez, Taurus, Madrid, 1998.

ARHEIM, Rodolf, *El cine como arte*, trad. E. L. Revol y revisión de E. Grau, Paidós, Barcelona, 1990.

ATWOOD, Margaret, *El cuento de la criada*, trad. E. Mateo Blanco, Salamandra, Barcelona, 2017.

BACCHI, Carol Lee, *The Polítics of Affirmative Action. «Women», Equality and Category Polítics*, Sage Publications, London, 1996.

BAINES, Beverley y RUBIO MARÍN, Ruth, *The Gender of Constitucional Jurisprudence*, Cambridge UP, Cambridge, 2004.

BARRÈRE UNZUETA, María Ángeles y MORONDO TARAMUNDI, Dolores, «Subordiscriminación y discriminación interseccional: elementos para una Teoría de Derecho antidiscriminatorio», *Anales de la Cátedra Francisco Suárez*, núm. 45, 2011, pp. 15-42.

BARTHES, Roland, *La cámara lúcida. Notas sobre la fotografía*, trad. J. Sala-Sanahuja, Paidós, Barcelona, 1990.

BEAUCHAMP, Gorman, «The Politics of The Handmaid´s Tale», in *Midwest Quaterly*, Pittsburg, Vol. 5, No. 1, 2009, pp. 11-25.

BENHABIB, Seyla, *Situating the Self. Gender, Community and Postmodernism in Contemporary Ethics*, Polity Press, Cambridge, 1992.

— «Feminism and Postmodernism: An Uneasy Alliance», in Benhabib, Seyla, Cornell, Drucilla and Fraser, Nancy, *Feminist Contentions: A Philosophical Exchange*, Routledge, London, 1995, pp. 17-34.

BENHABIB, Seyla y CORNELLA, Prucilla, *Teoría feminista y teoría crítica*, trad. A. Sánchez, Alfons el Magnánim, Valencia, 1990.

BENJAMIN, Walter, *Sobre la fotografía*, trad. J. Muñoz Millanes, Pre-textos, Valencia, 2007.

BERGER, John, *Ways of Seeing*, British Broadcasting Corporation, London, 1972 (*Modos de ver*, trad. J. G. Beramendi, Gustavo Gili, Barcelona, 2000).

BOURDIEU, Pierre, *La dominación masculina*, trad. J. Jordá, Anagrama, Barcelona, 2000.

BOTERO BERNAL, Andrés, «Derecho y Literatura: un nuevo modelo para armar. Instrucciones de uso, en Calvo González, José (coord.), *Implicaciones Derecho y Literatura: contribuciones a una teoría literaria del Derecho*, Comares, Granada, 2008, pp. 29-40.

BRAIDOTTI, Rosi, «Identity, Subjectivity and Difference: a Critical Genealogy», in Griffin, Gabriele y Braidotti, Rosi (eds.), *Thinking Differently: a Reader in European Women´s Studies*, Athena, London, 2002, pp. 158-179.

BREA, José Luís, *Las tres era de la imagen. Imagen-materia, film, e-image*, Akal, Barcelona, 2010.

BRONTË, Charlotte, *Jane Eyre*, trad. J. G. Luaces, Espasa-Calpe, Madrid, 1998.

BUTLER, J., *Gender Trouble: Feminism and the Subversion of Identity*, Routledge, New York, 1990 (*El género en disputa. El feminismo y la subversión de la identidad*, trad. M. A. Muñoz Molina, Barcelona, Paidós, 2007).

— *Bodies that matters. On the discoursive Limits of Sex*, Routlege, New York, 1993 (*Cuerpos que importan. Sobre los límites materiales y discursivos del «sexo»*, trad. A. Visio, Paidós, Barcelona, 2002).

— «Torture and the Ethics of Photography», *Enviroment and Planning*, vol. 25, 2007, pp. 951-966.

CALVO GONZÁLEZ, José (coord.), *Implicaciones Derecho y Literatura: contribuciones a una teoría literaria del Derecho*, Comares, Granada, 2008.

— *El escudo de Perseo: la cultura literaria del Derecho*, Comares, Granada, 2013.

— «Cine y argumentación jurídica: estrategias y técnicas argumentativas y para-argumentos del alegato judicial en la litigación de los hechos», *Teoría y Derecho: revista de pensamiento jurídico*, núm. 16, 2014, pp. 280-307.

— *La destreza de Judith: estudios de cultura literaria del Derecho*, Comares, Granada, 2018.

CERRATO, Rafael, *Isabel Coixet*, prol. Sarah Polley, Ediciones JC, Madrid, 2008.

CORNELL, Daniel, «Embodying Gender: Narrative Spectacle in the Photography of Alfred Stieglitz, Imogen Cunningham, Minor White, and Robert Mapplethorpe», Doctoral dissertation, 2002. (PhD diss., The Graduate Center, CUNY, 2002.

Da Costa Söhngen, Clarice Beatriz y Massulo Bordignon, Danielle, «The Handmaid's Tale: um ensaio jurídico-literário», en *Anamorphosis. Revista Internacional de Direito e Literatura*, Vol. 5, No. 1, janeiro-junho 2019, pp. 125- 147.

Daly, Mary, *Gyn/Ecology, The Metaethics of Radical Feminismo*, Beacon Press, Boston, 1978.

Davidov, Judith Frier, *Women's Camera Work: Self/Body/Other in America Visual Culture*, Duke University Press, 1998.

De los Ríos, Iván, «Cuento, luego existes. Genealogía, distopía y ficción», en VV.AA., *El cuento de la criada. Ensayos para una incursión en la república de Gilead*, Errata naturae, Madrid, 2019, pp. 45-58.

De Lucas Martín, F. Javier, «Para una discusión de la nota de universalidad de los derecho. (A propósito de la crítica del relativismo ético y cultural)», *Derechos y Libertades,* núm. 3, 1994, pp. 259-312.

De Vául, Anna, «Una gran tiniebla llena de resonancias», en VV.AA., *El cuento de la criada. Ensayos para una incursión en la república de Gilead*, Errata naturae, Madrid, 2019, pp. 101-114.

Echol, Alice, «The New Feminism of Yin and Yang», en Snitow, Ann; Stansell, Christine; and Thompson, Sharon (eds.), *Powers of Desire: The Politics of Sexuality*, Monthly Review Press, New York, 1983, pp. 439-59.

Eisenstein, Sergei, *Reflexiones de un cineasta*, prol., ed., y notas de R. Gubern, Lumen, Barcelona, 1970.

— *El sentido del cine*, trad. I. Carballo, Siglo XXI, Buenos Aires, 1974.

Felice, William F., *The Global New Deal. Economic and Social Human Rights in World Politics*, Rowman and Littlefield, Lanham (Md.), 2003.

Fernández-Llébrez, Fernando, «Identidad, género y sexualidad. Retos inclusivos para la teoría democrática», en Valencia, Ángel y Fernández-Llébrez, Fernando, *La teoría política frente a los problemas del siglo XXI*, Universidad de Granada, Granada, 2004. pp. 85-108.

Fineman, Martha A., *The Neutered Mother, the Sexual Family, and Other Twentieth Century Tragedies*, Routlege, New York, 1995.

— «The Sexual Family», in Fineman, Martha A., Jackson Jack E. and Romero, Adam P., *Feminist and Queer Legal Theory. Intimate Encounters, Uncomfortable Conversation*, Ashgate, Burlington (USA), 2009, pp. 45-63.

— «Equality, Autonomy, and the Vulnerable Subject in Law and Politics», in Martha A. Fineman and Anne Grear (eds.), *Gender in Law, Culture, and Society: Vulnerability: Reflexions on a New Ethical Foundation for Law and Politics*, Ashgate Publishing Ltd, Surrey, (England)/Burlington (USA), 2013, pp. 13-27.

Fontcuberta, Joan, *El beso de Judas. Fotografía y verdad*, Gustavo Gilo, Barcelona, 1997.

— *La cámara de Pandora: la fotografía después de la fotografía*, Gustavo Gilli, Barcelona, 2010.

— *Indiferencias fotográficas y ética de la imagen periodística*, Gustavo Gilli, Barcelona, 2011.

— *La furia de las imágenes: notas sobre postfotografía*, Barcelona, Galaxia Gutenberg, 2016.

Foucault, Michel, *La verdad y las formas jurídicas*, trad. E. Lynch, Gedisa, Barcelona, 1983.

— *Vigilar y castigar. Nacimiento de una prisión*, trad. A. Garzón del Camino, Siglo XXI, Buenos Aires, 2003.

— *Historia de la sexualidad*, trad. U. Guiñazú, Siglo XXI, Madrid, 2007.

FRANKE, Katherine M., «Theorizing Yes: An Essay on Feminism, Law, and Desire», in Fineman, Martha A., Jackson Jack E. and Romero, Adam P., *Feminist and Queer Legal Theory. Intimate Encounters, Uncomfortable Conversation*, Ashgate, Burlington (USA), 2009, pp. 28-44.

FRASER, Nancy, -«Pragmatism, Feminism, and the Lingustic Turn», in Benhabib, Seyla, Cornell, Drucilla and Fraser, Nancy, *Feminist Contentions: A Philosophical Exchange*, Routledge, London, 1995, pp. 157-170.

— *Justice Interruptus. Critical Reflextions on the «Postsocialist» Condition*, Routedge Press, New York, 1997.

FRASER, Nancy y HONNETH, Axel, *¿Redistribución o reconocimiento?. Un debate político-filosófico*, trad. P. Manzano, Morata, Madrid, 2006.

FRASER, Nancy y NICHOLSON, Linda, «Social Criticism without Philosophy: an Encounter between Feminism and Postmodernism», in Nicholson, Linda (ed.), *Feminism/Postmodernism*, Routledge, London, 1990, pp. 19-38.

FUSS, Diana *Essentially Speaking: Feminist, Nature and Difference*, Routledge Press, New York, 1989.

GAILLET, Charlotte Melissa, *Capturing the vulnerable body: Imogen Cunningham's photograhic series Roi on the Dipsea Trail* (1918), Doctoral dissertation, 2021 (Phd Graduate Faculty of The University of Georgia, 2021).

GARBER, Marjorie, *Vested Interests: Cross Dressing and Cultural Anxiety*, Routledge Press, New York, 1992.

GARCÍA CÍVICO, Jesús, «Siete puertas al campo Artes y Derecho», en Monereo Atienza, Cristina, *El Arte y sus relaciones con el Derecho*, Comares, Granada, 2022, pp. 3- 25.

GARCÍA LÓPEZ, Daniel, *Rara Avis. Una teoría queer impolítica*, Barcelona, Melusina, 2016.

GARCÍA MANRIQUE, Ricardo y Ruiz Sanz, Mario, *El Derecho en el cine español contemporáneo*, Tirant lo Blanch, Valencia, 2009.

GARCÍA NOVO, Elsa, «Mujeres al poder. Una lectura de Lisístrata», *Cuadernos de Filología Clásica (Estudios griegos e indoeuropeos)*, núm. 1, 1991, pp. 43-55.

GILLIGAN Carol, *In a Differente Voice: Psychological Theory and Women's Development*, Harvard University Press, Cambridge Massachusetts/ London, England, 1982 (*La ética del cuidado: una voz diferente*, trad. N. Durán Palacio, Cuadernos de la Fundació Victor Grifols i Lucas, Barcelona 2013).

GOETHE, Johannes Wolfgang von, *Teoría de los colores*, trad. P. Simon, Poseidon, Buenos Aires, 1945 (original 1810).

GOLDBERG, Steven, *La inevitabilidad del patriarcado*, trad. A. Martín-Gamero, Alianza, Madrid, 1976.

GÓMEZ GARCÍA, Juan Antonio (ed.), *El derecho a través de los géneros cinematográficos*, Tirant lo Blanch, Valencia, 2008.

GONZÁLEZ ROMERO, Emilio, *Otros abogados y otros juicios en el cine español*, Laertes, Barcelona, 2006.

HABERMAS, Jürgen, *Teoría de la acción comunicativa: I. Racionalidad de la acción y racionalidad social, II. Crítica de la razón funcionalista*, trad. M. Jiménez Redondo, Taurus, Madrid, 1981.

HARAWAY, Donna J., *Simians, Cyborgs and Women. The Reinvention of Nature*, Routlege, New York, 1991 (*Ciencia, Cyborgs y mujeres. La reinvención de la naturaleza*, trad. M. Talens, Cátedra, Madrid, 1995).

HAWTHORNE, Nathaniel, *La letra escarlata*, trad. J. Donoso y P. Serrano, Penguin Random House, Barcelona, 2015.

HILES, Jennifer E., *On Mount Rainer. Imogen Cunningham and the male nude*, Doctoral dissertation, 2011 (Phd diss., Graduate Faculty of Meadows School of Arts, 2011).

HONNETH, Axel, *La lucha por el reconocimiento*, trad. M. Ballestero, rev. Gerard Vilar, Crítica Barcelona, 1997.

— *Reification: A New Look at an Old Idea*, Oxford University Press, New York, 2007.

— *El derecho de la libertad. Esbozo de una eticidad democrática*, trad. G. Calderón, Clave intelectual, Madrid, 2014.

HOOD Williams, John and Cealy Harrison, Wendy, «Trouble with Gender», *The Sociological Review*, 46 (1), 1998, pp. 73-94.

HOWELLS, Coral Ann, *The Handmaids's Tale. Notes*, Longman/ York Press, London, 1993.

IBARRA SOTO, Diana, «Entre las risas de Lisístrata y las lágrimas de Antígona, expectativas de lo que debe ser una mujer protagonista, en Hernández Martínez, Eva, Panarese, Paola, Martínez Pérez, Natalia (eds.), *Cartografía de los micromachismos: dinámicas y violencia simbólica*, Dykinson, Madrid, 2020, pp. 845-863.

IBSEN, Henrik, *Casa de muñecas*, trad. G. de la Torre, Edimat Libros, Madrid, Arganda del Rey, 2005.

IGLESIAS ZOIDO, Juan Carlos, «Los múltiples rostros de Lisístratra. Tradición e influencia de la Lisístrata de Aristófanes», *CFC. Estudios griegos e indoeuropeos*, núm. 20, 2010, pp. 95-114.

INGERSOLL, Earl G. (ed.), *Margaret Atwood. Conversations*, Ontario Reviw Press, Princeton, New Yersey, 1990.

— *Margaret Atwood*, Macmillan, London, 1996.

— «Margaret Atwood´s dystopian visions. The Handmaid´s Tale and Oryx and Crake, in Howells, Coral Ann (ed.), *The Cambridge Companion to Margaret Atwood*, Cambridge University Press, Cambridge, 2006, pp.161-175.

IRIGARAY, Lucy, *Espéculo de la otra mujer*, trad. R. Sánchez Cedillo, Akal Madrid, 2007.

JARAMILLO, Cristina, «La crítica feminista al Derecho», est. prel. a West, Robin, *Género y Teoría del Derecho, cit.*, 2000, pp. 27-66.

KANT, Inmanuel, *Crítica del juicio* (1790), trad. M. García Morente, Espasa-Calpe, Madrid, 1977.

KENNEDY, Duncan, «The Structure of Blackstone´s Commentaries», *Buffalo Law Review*, n. 28, 1979, pp. 209-382.

KRACAUER, Siegfried, *Teoría del cine. La redención de la realidad física*, trad. J. Hornero, Paidós, Barcelona, 1989.

LAQUEUR, Thomas, *La construcción del sexo. Cuerpo y género desde los griegos hasta Freud*, trad. E. Portela, Cátedra, Madrid, 1994.

LAURETIS, Teresa de, *Alicia ya no. Feminismo, semiótica y cine*, trad. S. Iglesias Escudero, Cátedra, Madrid, 1992.

LÓPEZ PÉREZ, Juan Antonio, «Una lectura de Lisístrata de Aristófanes», *Synthesis*, núm. 13, 2006, pp. 11-48.

MACCOMBS, Judith and Palmer, Carole L., *Margaret Atwood: A Reference Guide*, G. K. Hall and Co., Boston, 1991.

MACKENZIE, Catriona, «Three Dimensions of Autonomy: A Relational Analysis», in Piper, Mark, and Veltman, Andrea (ed.), *Automy, Oppression and Gender*, Oxford University Press, New York, 2014, pp. 15- 41.

— «The Importance of Relational Autonomy and Capabilities for the Ethics of Vulnerability», in Catriona Mackenzie, Wendy Rogers, Susan Dodds (eds.), *Vulnerability: New Essays in Ethics and Feminist Philosophy*, Oxford University Press, New York, 2014, pp. 33-59.

MacKinnon, Katherine, *Sexual Harrasment of Working Women: a Case of Sex Discrimination*, Yale University Press, New Heaven, 1979.

— *Towards a Feminist Theory of State*, Harvard University Press, Cambridge, 1989 (*Hacia una teoría feminista del Estado*, trad. E. Martín, Cátedra, Madrid, Universität de València, Instituto de la Mujer, 1989).

— *Women´s lives, Men´s laws*, Harvard University Press, 2005.

Macklem, Timothy, *Beyond Comparison. Sex and Discrimination*, Cambridge UP, Cambridge, 2003.

Maholy Nagy, László, *Pintura, fotografía, cine y otros escritos sobre fotografía*, trad. G. M. Vélez Espinosa Y C. Zelich Martínez, Gustavo Gilli, Barcelona, 2005.

Marí, Enrique E., «Derecho y Literatura: algo de lo que sí se puede hablar pero en voz baja», *Doxa. Cuadernos de Filosofía del Derecho*, núm. 21, 1998, pp. 251-287.

Margalit, Avishai, *La sociedad decente*, trad. C. Castell Audela, Paidós, Barcelona, 1997.

Mead, Rebecca, «Margaret Atwood, profeta de la distopia», en VV.AA., *El cuento de la criada. Ensayos para una incursión en la república de Gilead*, Errata naturae, Madrid, 2019, pp.13-42.

Moreno Trujillo, María Paulina, «El cuento de la criada, los símbolos y las mujeres en la narración distópica», en *Escritos*, Fac. Filos. Let. Univ. Potif. Bolivar, Medellín, vol. 24, núm. 52, 2016, pp. 185-211.

Mulvey, Laura, «Visual Pleasure and Narrative Cinema,» (1975), in Brian Wallis, *Art After Modernism: Rethinking Representation*, The New Museum of Contemporary Art, New York, 1984, pp. 361-373.

— *Visual and Other Pleasure*, Palgrave Macmillan UK, 1989.

Muñoz Poveda, L., «La fragilidad del *self*: ensayos de intervención de los *Untitled fim Stills* de Cindy Sherman», *Illuminaturas*, vol. 21, núm. 53, pp. 532-545.

Nagel, Thomas, *Mortal Questions*, Cambridge University Press, Cambridge, 1989.

Nazareno Saxe, Facundo, «El canon *queer*. Lysistrata de Ralf König. De Aristófanes a la adaptación cinematográfica», *Espéculo. Revista de Estudios literarios*, núm.43, 2009-2010.

Negri, Antonio y Hardt, Michael, *El trabajo de Dionisos*, trad. R. Sánchez, Akal, Madrid, 2003.

Newhall, Beamont, *Historia de la fotografía*, Gustavo Gili, Barcelona, 2006.

Nussbaum, Martha C., *Justicia poética*, trad. C. Gardini, Editorial Andrés Bello, Barcelona, Buenos Aires, México D.F., Santiago de Chile, 1995.

— *La fragilidad del bien. Fortuna y ética en la tragedia y filosofía griega*, trad. A. Ballesteros Jaráiz, Visor, Madrid, 1995.

— *Paisajes del pensamiento. La inteligencia de las emociones*, trad. A. Maira Bénitez, Paidós, Barcelona, 2008.

Ortega Giménez, Alfonso y Cremades García, Purificación, *Cine y Derecho en 13 películas*, Club universitario, Alicante, 2008.

Osborne, Raquel, *La construcción sexual de la realidad. Un debate en la sociología contemporánea de la mujer*, Cátedra, Universidad de Valencia, Madrid, 1993.

Pardo Bazán, Emilia, *Insolación* (Historia amorosa), Ed. E. Penas Varela, Cátedra, Madrid, 2001.

PAWLIK, Johannes, *Teoría del color*, trad. C. Fortea, Paidós, Barcelona, 1996.

PEREIRA, Gustavo, *Elements of a Critical Theory of Justice*, Palgrave MacMillan, Hampshire (UK), 2013.

PÉREZ CARREÑO, Francisca, «El valor moral del arte y la emoción», *Crítica. Revista Hispano-americana de Filosofía* 38/114, 2006, pp. 69-92.

POSADA KUBISSA, Luisa, «De discursos estéticos, sustituciones categoriales y otras operaciones simbólicas: en torno a la filosofía del feminismo de la diferencia», en Amorós, Celia (ed.), *Feminismo y Filosofía*, Síntesis, Madrid, 2000, pp. 215-254.

POSNER, Richard A., *Ley y Literatura*, trad. P. Salamanca y M. Muresán, Colegio de Abogados de Valladolid/ Cuatro y el gato, Vallodolid, 2004.

PRESNO LINERA, Miguel A., *Una introducción cinematográfica al Derecho*, Tirant lo Blanch, Valencia, 2006.

PUIGPELAT Martín, Federica, «Libertad y seguridad en un nuevo contrato social», *Anuario de Filosofía del Derecho*, XXII, 2005, pp. 83-109.

RAWLS, John, *Liberalismo político*, trad. S. R. Madero Báez, FCE, México, 1996.

RICH, Adrienne, *Of Woman Born. Motherhood as Experiencie and Institution*, Bantam, New York, 1977.

RIVAYA GARCÍA, Benjamín, *Derecho y Cine en 100 películas*, Tirant lo Blanch, Valencia, 2004.

— El cine de los derechos humanos», en VVAA, *Estudios homenaje al profesor Gregorio Peces- Barba*, vol. 3, Dykinson, Madrid, 2008, pp. 1059-1082.

— «Derecho y cine», en Rivaya García, Benjamín y Zapatero, Luis (coords.), *Los saberes y el cine*, Tirant lo Blanch, Valencia, 2010, pp. 81-118.

— «Algunas preguntas sobre Derecho y cine», *Anuario de Filosofía del Derecho*, núm. 26, 2010, pp. 219-230.

— «Los derechos fundamentales en imágenes. Cine «de» y «contra» los derechos humanos», en Reviriego Picón, Fernando (coord.) *Proyecciones de Derecho constitucional*, Tirant lo Blanch, Valencia, 2012, pp. 145-188.

RIVERO MORENO, Yosálida C., «La novela realista-naturalista española y su representación de la mujer», *Divergencias - Revista de estudios lingüísticos y literarios*, vol. 1, núm. 2, primavera 2004, pp. 141-156.

RODRÍGUEZ RUIZ, Blanca, «¿Identidad o autonomía? La autonomía relacional como pilar de la ciudadanía democrática», *Anuario de la Facultad de Derecho de la Universidad Complutense de Madrid*, núm. 17, 2013, pp. 75-104.

SANSONE, Arianna, *Diritto e Literattura, Una introduzione generale*, Giuffrè, Milano, 2001.

SELVA MASOLIVER, Marta y SOLÀ ARGUIMBAU, Anna, «El cine de mujeres es el cine», en *Id.*, *Diez años de la muestra Internacional de Filmes de Mujeres de Barcelona*, Paidós, Barcelona, 2002.

SEN, Amartya, *Desarrollo y libertad*, trad. E. Rabasco y L. Toharia, Planeta, Barcelona, 2000.

SHER, George, «Justifying Reverse Discrimination in Employment», *Philosophy and Public Affairs*, vol. 4, núm. 2, 1975, pp. 159-170.

SHINER, Larry, *La invención del arte. Una historia cultural*, trad. E. Hyde y E. Julibert, Paidós, Barcelona, 2004.

SIMÓN, Patricia, « El cuento de nuestras criadas», en VV.AA., *El cuento de la criada. Ensayos para una incursión en la república de Gilead*, Errata naturae, Madrid, 2019, pp. 61-88.

SOMACARRERA IÑIGO, Pilar, «Power politics: power and identity, in Howells, Coral Ann (ed.), *The Cambridge Companion to Margaret Atwood*, Cambridge University Press, Cambridge, 2006, pp. 43-57.

— *Margaret Atwood (1939-): poder y feminismo*, Ediciones del Orto, Madrid, 2000.

SONTAG, Susan, *Sobre la fotografía*, trad. C. Gardini, Edhasa, Barcelona, 1996.

— «Regarding the Torture of Others», *New York Time Magazine*, May 23, 2004, Nationalpapers, 27, p. 24.

SOTO NIETO, Francisco y Fernández, Francisco J., *Imágenes y justicia. El Derecho a través del cine*, La ley-actualidad, Madrid, 2004.

STIEGLITZ, Alfred, *Camera Work: A Pictorial Guide*, ed. Marianne Fulton Margolis, Dover Publications, New York, 1978.

TALAVERA, Pedro, *Derecho y Literatura*, Comares, Granada, 2006.

TOLAN, Fiona, *Margaret Atwood: Feminism and Fiction*, Rodopi, Amsterdam-New York, 2007.

TOURAINE, Alain, *Crítica a la modernidad*, trad. M. Armiño, Temas de Hoy, Madrid, 1993.

VALCÁRCEL, Amelia, *Sexo y Filosofía: sobre «mujer» y «poder»*, Anthropos, Barcelona, 1991.

— *La política de las mujeres*, Cátedra, Madrid, 1997.

WESCH, Samantha, «Bebés y placeres», en VV.AA., *El cuento de la criada. Ensayos para una incursión en la república de Gilead*, Errata naturae, Madrid, 2019, pp. 151-168.

WEST, Robin, *Género y Teoría del Derecho*, trad. P. De Lama Lama, Siglo del Hombre Editores, Facultad de Derecho de la Universidad de los Andes, Ediciones Uniandes, Instituto Pensar, Santafé de Bogotá, 2000.

— *Caring for Justice*, New York University Press, New York/London, 1997.

WITTIG, Monic, «The Category of Sex», *Feminist Issues*, vol. 2, Fall 1982, pp. 63-68.

— *El pensamiento heterosexual*, trad. J. Saéz y P. Vidarte, Barcelona, Egales, 2010.

WOOLF, Virginia, *Una habitación propia*, trad. L. Puyol, Seix Barral, Barcelona, 2008.

WYNNE-DAVIS, Marion, *Margaret Atwood*, Northcote House Publishers Ldt., Tavistock, Devon (United Kingdom), 2010.

YOUNG, Iris Marion, *Justice and the Politics of Difference*, Princeton UP, Princeton, 1990.

YRIGOYEN, Elena, «Mujeres desdobladas en eterno e interno conflicto. Dominación, identidad y resistencia en El cuento de la criada y otros cuentos de Margaret Atwood», en VV.AA., *El cuento de la criada. Ensayos para una incursión en la república de Gilead*, Errata naturae, Madrid, 2019, pp. 117-134.

ZACÁRATE, Mariana, Pagnoni Berns, Fernando Gabriel y Aguilar, Emiliano, «El rojo y el negro», en VV.AA., *El cuento de la criada. Ensayos para una incursión en la república de Gilead*, Errata naturae, Madrid, 2019, pp. 225-235.

colección

CRÍTICA DEL DERECHO - DERECHO VIVO

Director: JOSÉ LUIS MONEREO PÉREZ